岡田敬司

共生社会への教育学

自律・異文化葛藤・共生

世織書房

共生社会への教育学

目次

共生社会への教育学

序章――共生教育のために

1　競争を超える異文化交流

「共生教育」という言葉は美しい。人々が共に生きていく社会のための人間形成を意味するとすれば、それにはもはや異論をはさむ余地がないかのような響きが伴う。私とてこれに異論を唱えるほどの根拠を持ち合わせているわけではない。ただそれが改革というような合言葉で一挙に実現するようなものではなく、とてつもない行程を経たうえでやっと近づけるような理想だということを強調したいのである。この乗り越えねばならない行程とは人々の間の対立葛藤であり、それは多くの場合、考え方の違いや行為様式の違い、価値観の違いなどに起因する。異文化間葛藤と言い換えてもいいだろう。

しかしここに重大な落とし穴がある。人々の間の違いをなくすればすべての問題が解消するという錯覚である。その格好の舞台が教育改革というテーマである。教育改革はいつでも話の種にされ、何かめだった事件が学校で起こったり、学校の外であっても子どもが起こしたのでありさえすれば、マスコミや政治家が飛びつく話題となる。何の理念もなく、方策もなくても、現今の子どもをめぐる状況の諸悪をすべて統一を乱す教育現場や統制に従わない教師のせいにすればよいのだから簡単な話である。何とかひねり出された対策は教育基本法の改定、愛国心の発揚、「心のノート」といったものである。教師を取り締まり、子どもを取り締まり、挙句の果ては子どもの心を取り締まれば、知育徳育の双方がうまくいくというのだから気楽な話である。確かに、統制は差異に起因する諸悪の克服の第一手法であるが、多くの場合、子どもや教師の活力をも一緒に殺いでしまう。

翻って私たちの掲げる共生教育は、このような楽観論と手を切ったところから始まる。先に述べたように、それは遥かな理想であって、その実現にはとてつもなく巨大な、あるいは深刻な対立葛藤の乗り越えを必要とするのである。したがって、私たちの教育改革論は何かをいじっていさえすればよいのではなく、何を保存し何を変えるべきかをしっかりと分析し、そこから対立葛藤を一歩一歩克服していく策を練るのである。そのためにはこれまで蓄積されてきた教育関連諸科学の知見を総動員して活用できるものをえり分けていくことになる。

先ずはじめに、人間は競争させておきさえすれば自ずと進化発展するという新自由主義の人間観と、私たちの共生教育の理念の違いをはっきりさせておかなければならない。あとで詳論することになるが、対立葛藤を発展のエネルギーにする点では似通っているが、自由主義的競争が一次元的な勝敗を競うのに対し、私たちの考える教育的対立葛藤は多次元的であり、ぶつかりの刺激をそれぞれが固有の方向で発展エネルギーに転じることができるのが最大の違いである。私たちの模索する方法においては敗者は存在しない。結果として自由主義的競争が皮肉にも単一の勝者への一元化を果てしなく追求していくのに対し、共生社会は人々の多様性、多元性を出発点から容認していることになる。出来上がる社会秩序の姿から見れば、階層秩序と相互扶助的共存秩序の違いになろう。

教育に葛藤がつきものなのは、校内暴力、いじめ、学級崩壊等々の一連の教育問題を見ても明らかである。多くの場合、これらは文字通りの葛藤であって、なかなか解きほぐすことができない。しかし、ここではやまって快刀乱麻の魔術的手法に騙されないことである。急がば回れである。

本書はこうした「教育問題」を含めた教育・学習問題全般に対して、異文化交流、異文化との出会い、という見方を持ち込むことで、かなりの見通しが得られるのではないかという期待が発端で書かれた。もとより即効性のある解決策を具体的に示す力量があるわけではない。それらはその筋の専門書に委ねるとしよう。それでも抽象的一般論である本書を書こうというのは、こうした具体的専門的アプローチが問題の根本的解決をもたらすとは思えないからである。両方のアプローチが相補的に絡みあってこそ、教育臨床学は有効になるように思えるのである。

とはいえ、本書の主眼は「教育事象の解明に異文化交流の視点を持ち込む」ことにある。異文化交流の視点から教育・学習を見ると、何が見えてくるのか。これは本書全体が示すべき結論であるが、あらかじめの予測を述べておこう。

第一は、教育・学習が葛藤がらみの事象だということである。教える者と学ぶ者との異文化性に起因する葛藤がその代表的なものだが、その諸相の検討は、克服消去すべき葛藤と活用すべき葛藤があることを教えてくれる。

第二は、深く学習する、あるいは教育が成功するとはいかなることか、という問いに新たな答えを出してくれそうなことである。従来の教育観・学習観といってもいろいろあるが、知識群の学習者による我有化、そしてそれを促進することをもって学習・教育と見なすことでは大まかな一致が見られる。異文化交流の視点がもたらすのは、自文化を持つことの重要さであり、異文化をわがものにすることの重要さである。異文化に飲み込まれるのではなく「わがものにする」とはいかなることを言うのかが、少しは見えてくるであろう。

第三は、異文化交流が人間に恵みをもたらすとすれば、いかなる条件のもとでか、という問いに対する答えの期待である。ここで言っているのは社会的条件とか歴史的条件のことではなく、人間の存在様態の条件である。先取りして述べるならば、「歓待」の問題である。教育・学習の本質要件として「歓待」が語られたことは、あったとしてもごくまれであろう。先鞭をつけることができればと思う。

2　領域横断研究、あるいは複眼思考の弁明

本書は特定の大家の思想や方法を根掘り葉掘り吟味したものではない。逆に、一見雑多に見える諸領

域で活躍した人々の思想や方法を、ただ一点、「異文化人の共生」を考究する上で資するものでありさえすれば、拝借し、吟味し、再解釈し、総合しようとしたものである。そこには権威あるもの、定評のあるものに寄りかかりつつ自らの思想を構築するという、学問の常套手段はない。「異文化人の共生」という人類の喫緊の課題、そしてそれは又同時に教育の今日的な語り方という課題でもあるが、これに光を当ててくれる可能性があれば、何でも取り上げ、何でも吟味し、何でも総合を試みるのである。

自然科学のみならず、科学という科学、学問という学問、研究という研究がタコ壺化して久しい。それでなくては専門的な深い考察ができないと考えられたからである。

しかし、核物理学や聖書研究ならばともかく、学という学が専門深化によってのみ発展するということは決して自明ではない。人間学や教育学にあっては、これとは逆に全体像を得ること、多面的な諸研究を総合することこそ肝要である。人間は全体として捉えてこそ人間であり、教育とはそうした全体的人間の育成に他ならないからである。

無論、全体は部分あっての全体であり、総合は細部の分析あっての総合である。この意味では、全体の優位、総合の優位を唱えるのも所詮一面的である。私が主張したいのは、全体と部分、総合と分析、両面劣らず重要だが、本書で私が自分の任務としたのは、全体把握であり総合だということである。それが学的営為たるために必要な先立つ諸部分、先立つ諸分析は、多領域にわたる先達の仕事の成果を拝借することで調達したということである。

もちろん、こうした素材の選択や再解釈の責任は私にかかってくる。「子どもは自律しており（自分の文化を持っており)、彼らとの共生の形を編み出すことこそ、教育の、そして教育学の今日的任務なのだ」という考えを述べるには、領域横断的な複眼思考がどうしても必要だったのである。

領域横断型研究のメリットは、今述べた「全体像をつかむ」こと以外にもある。それは、タコ壺の中で練り上げられた専門用語群に「それはジャーゴンに過ぎない。ジャーゴンに精通することと学を極めることとは別だ」と宣言することであり、同時に、各領域ごとのジャーゴン群に相互交流の道をつけることである。全体像の把握が不可欠な人間学や教育学の新たな語り方が、そこから生成するのである。

この試みがどこまで成功したのか、あるいは失敗したのかは、本書を終わりまで目を通していただくしかない。読者の好意が徒労に終わることがないよう祈るばかりである。

第1章——「自律」と「共生」の時代性と超時代性

「自律」は現代ではもはや時代遅れになった「近代」の理想的人間像だと言われる。そのような内的、外的環境からの独立状態は絵空事であるし、行為の理性的な自己決定というのも倫理的目標であり得ても、現実描写ではとうていあり得ないというわけだ。

「共生」の方は前近代的概念のようでもあり、後近代の概念のようでもある。つまり、近代社会の個人としてのあり方に先立つ、共同体にどっぷりと浸りきったあり方であり、あるいは近代個人主義社会での孤立したあり方を克服しての、絆の再構築されたあり方であったりするのである。

私は、自律の概念に多少の今日的修正を加える必要があると考えている。物的、人的環境から独立しての行為決定を誇張して述べ立てるのではなく、物的、人的環境への依存を基盤としつつも、「それを超える（それらに還元されない）」判断と行為決定をやってのける人間存在のあり方をさして用いるのである。

こうして「自律」も「共生」も別様の解釈の可能性を含みつつも、何とかポストモダンと言われる現在の社会で許容されるばかりか、合規範的と見なされ得る概念となる。自律者の共生する社会は麗しい社会というわけだ。

しかし、「共生社会へ向けて自律者を育成する教育（学）」の構築が抵抗なく受容されたかに見えるここでこそ、「自律」や「共生」が合規範的であり、さらには超時代状況的に正常であるのか、その根拠を問うてみる必要がある。それらの受容は多分に情緒的、ムード的なものに思えるからだ。

1　「自律」の合規範性と正常性

「自律」が時代状況に応じた基準で合規範的であることは、先ほどの近代風概念から後近代風概念への拡大修正によって、ほぼ示し得たと考える。なぜなら、ポストモダン思潮に乗った論者たちの「自律」批判はたいていの場合、人間諸科学の発達による人間存在の被拘束性、つまり決定論による自由の否定の証明に依拠しているからだ。その場合、確かに人間存在の「無限定な」自由、自律は否定されるが、一定の規定を受けた自由や自律、状況内での自由、自律は否定されていないことに注意しよう。イメージしにくいかもしれないが、人間という構造体が物理的あるいは社会的に規定されながらも、物理的構造や社会的構造に還元され得ない超過機能を発揮するということである。心的、精神的機能が代表的なものだが、例えば選択能力とか創造的な発意能力などがあげられよう。これらさえも物理的現象としての「揺らぎ」に付随する現象だとしてしまう還元主義*に対する論駁は困難ではあるが、不可能ではない。（後で示す。）

さて、自由や自律が「理念として」実在することを示し得たとしても、それらがまず時代状況の基準において合規範的であること、次いで、可能ならば超時代的に「正常」であることを示さねばならない。

第一の課題については、デュルケム**がフランスの第三共和制において、社会のアノミー状態***を克服するべく、道徳教育論を講じたことを想い起こそう。そこで彼は道徳の三要素として①集団への

* 物理現象の揺らぎで生命秩序の変動を説明し、生命秩序の揺らぎ（攪乱）によって意識現象（例えば表象産出）の変化を説明する類の立論をさす。これは山下和也によれば無理である。生命システムの自己言及的作動による攪乱を反映している脳の現在の状態をいくら調べても、現在の表象と対応させることはできない。意識システムは自律的であり、しかも自分自身の過去の作動によっても決定されない（山下和也『オートポイエーシス論入門』ミネルヴァ書房、二〇一〇年、一二〇頁）。

** エミール・デュルケム（Émile Durkheim, 1858～1917）フランスの社会学者。ボルドー大学及びパリ大学（ソルボンヌ）で社会学と教育学を講じた。社会学の創始者としてマックス・ウェーバーと並び称されると同時に、科学的教育学の開祖とされる。

*** アノミー状態とは、ある社会集団の人々の間で社会規範への信頼が大きく崩れ、生活指針が無秩序になっていることをさす。

愛着、②規律の精神、③個人の自律をあげたが、それらは一面では当時の社会状況における事実描写であり、他面では課題としての理念であった。例えば、個人の自律について、「他」の影響を完全に排除した判断や行為の自己決定は「事実描写」としては存在しないが、先に述べたような「物理的、社会的規定を超過する部分」としての心的、精神的な選択や最終決定や創意といったものは存在したし、当時の社会の世論はこの部分的な存在を理念的な価値概念にまで高めたのである。つまり自律は事実描写としても部分的に存在したたし、理念宣言としても存在したのである。

次に、「自律」は人間存在の超時代的な「正常性」を示すものであるのかどうかを検討しなければならない。

正常／異常を超時代的に、つまり客観的に言明することができるか否かについてのカンギレムの議論*は医学領域における正常／病理をめぐってのものであるが、多くの示唆を期待できるものである。

彼は問題への導入として、「病理的状態は（異常は）正常な状態の量的変化に過ぎないか?」という問を立てる。ヒポクラテス**は既に、病気についての存在論的な考え方ではなく、ダイナミックな考え方を（局在論的ではなく、全体論的な考え方を）提起していた。病原体と有機体との戦いは前者の例であり、有機体内部のせめぎ合う力同士の戦いは後者の例である。後者の亜型にシゲリスト***の「生きた有機体では病理的現象は対応する生理的現象の多いか少ないかに応じた量的な変異以上の何者でもない」という有名な考え方が出てくる。正常と異常は同一のものの量的差異と見なされることになる。端的に言えば、過剰あるいは不足が異常の正体だ。

さらに言うならば、完全な健康（正常）は存在しない。それは実在ではなく規範概念なのである。病気（異常）は一種の悪として、正常な状態の変質として把握される。もちろん悪は存在ではなく、マイナス規範、否定的価値である。例えばカンギレムはその著『正常と病理』で次のように述べている。

病気（異常）もまた生命の規範であるが、規範が有効な条件からずれるとき、別の規範に自らを変えることができず、どんなずれにも耐えられないという意味で、劣っている規範である（一六一頁）。

異常（病気）とは別の条件の中で別の規範を設定する能力の喪失なのだ。

＊ ジョルジュ・カンギレム（Georges Canguilhem, 1904～1995）フランスの科学哲学者。バシュラールの後任としてパリ大学教授、国立科学研究センター所長を務める（『正常と病理』滝沢武久訳、法政大学出版局、一九八七年）。

＊＊ ヒポクラテス（Hippocrate, B.C. 460? ～ B.C. 375?）古代ギリシャの医学者。体液論と医の倫理についての主張が有名である。

＊＊＊ ヘンリー・E・シゲリスト（Henry Ernst Sigerist, 1891～1957）医学史家、『文明と病気』（原著一九四三年。松藤元訳、岩波書店、上・一九七二年、下・一九七九年）が主著。医学制度改革運動でも知られる。

健康とは反応の可能性の調整ハンドルであり、病気とは環境の不正確さを許容する幅の減少である（一七八頁）。

さらにカンギレムは、人間の正常性と創造性の関連をほのめかす次のような指摘をしている。

新しい規範は以前の規範ではない。そして、規範の値打ちのある新しい定数を設けるこの能力こそ、生物の生理学的側面の特長のように思われた（一九一頁、傍点は引用者による。以下、同様）。

正常性と創造性の連関は人間の、ではなく、広く生物一般の特徴のようである。

客観的な病理学は存在しない。客観的に構造や行動を記述することはできる。……しかしそれらを〈病理学的〉ということはできない。人は正の価値も負の価値もない変種や差異だけしか、客観的に定義することができない（二〇八頁）。

単に環境に従属するだけでなく固有の環境も設定するとき、このことにより環境ばかりか有機体自体にも価値を与える。これを生物学的規範と名付ける（二〇九頁）。

常に臨床を介して、病気の個人に関することが病理的という名称を正しいものにする（二一一頁）。

以上の引用から明らかになったことは、生物の正常／異常の定義はまさしく環境状況との折り合い、あるいは調和的関係が存在するか否かにかかっているのであり、この意味で正常／異常は状況との関係によって相対的に確定する概念だということである。それだけではない。正常／異常は環境相関的であるだけでなく、当の有機体と環境の新たな調和関係を設定する定数を定める有機体の能力に相関的である。この意味で正常／異常の定義は環境相関的であると同時に、異変に際しての有機体の創造的能力にも相関的である。

正常であるとは、有機体が環境との関係の変動に際してあらたな定数を設定し得る能力の幅だ、というこのカンギレムの指摘は、私たちの自律の定義に直接かかわってくる。私たちは自律的人間こそ「正常」だと言いたいのである。まさに、環境との調和的関係が危うくなったとき、あるいは崩れ去ったとき、「主意的に」調和的関係を再構築すべく行為決定できる（人間）主体の能力、これこそが生存能力という意味にもつながっていくような「正常」の定義であり、人間の場合の合理的行為選択能力としての「自律」なのである。

このような「正常」の定義、人間の正常性としての自律というあり方についての考え方は、かなりの程度カンギレムの生気論的な論調に引きずられているようにも思えるが、先に述べた物理的、社会的決定論を超過する部分こそ人間存在の中核だとする考えと、生気論が親近性を持ってしまうのはある意味で当然である。問題は、この超過部分が物理的、社会的下部構造から遊離して、独立してしまわないように気をつけることだろう。上部構造は下部構造に還元されはしないが、そこから遊離もしない。これが私たちの考えである。

2 「共生」の合規範性、および正常性

「共生 symbiose」は本来は生物学、生態学の概念であるから、カンギレムの考えにそってこの概念を吟味するのは「自律」の吟味の場合以上に妥当かもしれない。

今日の時代状況の中で「共生」が合規範的か否かを見極めることは、少々厄介である。と言うのは、今日の思想状況を「自由競争」を至上価値とするアングロ・サクソン流の新自由主義の時代と見るか、より「平等な再配分」を重視する社会民主主義の時代と見るかによって規範そのものが随分と違ってくるからである。実態が両者の混在だとすると、両者が背反的である以上、今日の世界においては統一的な規範は存在しないことになり、それぞれの部分社会においてそれぞれの規範が成立しているだけだということになる。

新自由主義の規範において「共生」は受け入れ可能であろうか。一見したところ、弱肉強食の原理と

共生の原理が並び立つはずがないように思える。当然と言えば当然である。しかし見方を変えれば、新自由主義はいかなる相手でも「競争の相手として」受け入れている。つまり互恵的ではないにしても、競争というゲームを是認する限りは誰とも「そのゲーム内で」共存することを原則としているのである。しかしこの意味での「共生」は今日の一般的な使用法とずれていると言わざるを得ない。なぜなら一般的には、共生は相手の人格存在を全体として受容するのであって、単なる競技機械を受容するのではないからだ。

社会民主主義的な「共存」は生産能力の不対等から帰結する不平等を、社会資源の再配分を工夫することで埋め合わせていくものであり、より「平等」志向である。

今日の時代思潮からして、この平等志向に難点があるとすれば、それが下手をすると人々の画一化を画策していると見なされ、自由を抑圧していると見なされてしまうことである。この隘路をくぐり抜けるには、例えばA・センの考え方*などが参考になろう。

平等を図ることが人間の画一化、個性の抑圧につながるという主張にどれほどの根拠があるか、検討してみよう。

---

* アマルティア・セン（Amartya Sen, 1933〜）インド（ベンガル）出身の経済学者。潜在能力という人間の幸福な生活を実現する多元的要因を指摘し、心情や自由や財といった一元的要因で人間の幸福を説明することを批判した。

収入金額の平等化を図ることが人間の画一化をもたらすという主張は、あまりにも人間精神の自由を軽く見ていると言わざるを得ない。貧すれば鈍す、という格言は人間の傾向性の一面を言い当ててはいるが、被規定性を示したものではない。さらに、貧せざれば（画一的収入でも）精神は躍動する、という可能性をまったく否定できていない。人間は一定の経済的保障さえあれば、個性ある活動を展開する、と言う方がむしろ当たっていそうである。

反証として、社会主義計画経済が諸個人の創意工夫を壊滅させてしまったことがあげられるかもしれない。しかしこれは、一定の（画一的かもしれない）収入保障をしたせいではなく、上意下達式に生産システムの改変を強行したせいである。本来ならば、この改変の過程でこそ、諸個人、諸集団の創意工夫が現れたはずなのである。

収入（報酬）の操作で仕事達成を促進しようという、今日広く行われている方法を考えてみよう。金銭は諸個人の様々なバラツキのある価値追求の共通の対価であり得るから、諸個人を労働へと主意的に向かわせるインセンティヴとして有効である。諸個人は「画一的な」金銭インセンティヴを「各人に特有の」価値追求を促すものとして受け取る。個性的価値実現の可能性は高まるかもしれない。しかしそれに伴う充実感は、この「自分に特有の」価値実現、つまり個性の発露の故だと言い切れるだろうか。他者より高額の金銭を得た優越感に汚染されてはいないだろうか。さらに言えば、それに置き換わってしまってはいないだろうか。

具体的な使用価値が抽象的な交換価値に置き換わってしまい、しかも具体的な価値享受を放棄して、

「あらゆる価値への接近可能性」という抽象物に充足を感じる倒錯が出現するのである。これが資本主義社会の現実である。この接近可能性という万能薬の持つ幻想性と同時に、獲得した金銭の額を他者と比較することによる勝利感、あるいは優越感の幻想性を指摘しておく必要があるだろう。抽象的な交換価値には何の具体的充足も伴わないのである以上、その多寡で得られる優越感や劣等感も本質的に錯覚なのだ。

一つだけこの交換価値の持つ本来的意味を指摘しておかねばならない。それは未知の将来の生活苦の可能性への備えである。未知の生活苦への備えとしては、交換価値こそが有効である。何が欠乏するか分からないのだから。交換価値崇拝は何よりも防衛的備えなのであって、この防衛の不用となった社会が実現すれば、消失するはずのものである。

以上、「共生」の経済学的な含意を検討してきたのであるが、その現代社会における状況内合規範性については新自由主義思潮においても社会民主主義思潮においても、共生の意味合いの違いこそあれ、確認できたと考える。

「共生」の超時代状況的な正常性についてはどうであろうか。現代の時代状況においてさえ、その合規範性は二つの異なった文脈において認められるものであった。つまり普遍的な「正しさ」は主張し得ないものであった。であれば、超時代状況的な正常性など初めから問題にならないのではないか。

しかし、ここで現代の状況内合規範性を問うたのが、社会経済学的な意味合いにおいてであったことを思い起こさなければならない。つまりその意味合いは、人間の正常性を問うに際して、決して唯一のものではないのであり、そこで二極分解が見られたからと言って、「共生」が常に分裂した正常性しか持たないとは言えないのである。

例えば倫理学的な意味合いにおいては、「共生は人間の正しいあり方である」と超時代状況的に言えるのではなかろうか。倫理学的な文脈で問題なのは人格的存在としての人間であって競争機械としての人間ではないからである。そこでは先の二極分解は初めから回避されている。

共生と対立していると見なされがちな人間存在のあり方として、(個人的)自律を考えてみよう。冒頭で概観したように、共生と自律が共に倫理的意味合いにおける「正しさ」を示す概念でありながら、相互に対立したものと見なされてきた歴史がある。しかしこれは私たちの見通しでは、自律の概念を柔軟化し、拡大修正すれば克服できるものであった。確かに、この問題は解決済みからは程遠いし、であればこそ、本書のような企てが意味を持ち得るのである。ともあれ、私たちはとりあえずの見込みとして、「共生」には人間にとっての普遍的価値があると思っている。

第2章 ― 共生の諸相

1　異文化共生とは何か

『広辞苑』によれば、共生（共棲）とは①別種の生物が一所に生息し、互いに利益を得て共同生活を営むこと（生物学）、転じて②共に所を同じくして生活すること、である。共生社会という造語は、人間社会にこの生物学的含意を持ち込もうとするものであるから、②では少々一般的過ぎて「共生社会」もただの「社会」も同じになってしまう。そこでより①に近い意味にするのだが、「別種の生物が」はまずい。双方共に人間である場合に限られるからだ。その上で「別種」の感じを尊重しようとするならば「異文化の人間が」といったところで落ち着くのではなかろうか。

そこで共生社会を次のように少し幅を持たせて定義することにしよう。共生社会とは、①異文化の人間が所を同じくして生活すること、あるいは②異文化の人間が互いに利益を得ながら所を同じくして生活することである。幅を持たせて、と言ったのは「互いに利益を得て」を最善として、「一方だけが利益を得て」、そして「相互に利益はないが」に至る幅のことである。要するに、相手を害する関係であれば共生とは呼ばないということである。さらには、同文化の人間の共同生活も、「共生社会」とは呼ばず、「異文化の人間が」集う場合に限定して「共生社会」と呼ぼうということである。

異文化の人間が望むらくは互いに利益を得ながら、所を同じくして生活することを実現するための諸条件を明らかにし、教育・学習によってそれを充足する手立てを考えていくこと、これが本書の課題である。

次に、文化あるいは異文化ということの定義を明らかにする必要がある。

文化とは、ある個人の、あるいはある集団の行為の（特有の）様式である、と定義しよう。これは文化人類学に倣ったものだが、ここで言う行為は、思考様式から物事の感じ方、その表明のし方、そして身体活動の形まですべてを広く含む概念である。すると、異文化とは、考え方、感じ方、行動のし方などが互いに異なっている事態をさす言葉だということになる。

2　異文化との相互魅惑、相互刺激、そして対立・葛藤

行為様式全般が相互に異なると、多くの場合、そこに何らかの軋轢が生じる。最も穏やかなものとし

て相互魅惑、もう少し一般的には相互刺激、さらには対立・葛藤と、様々な段階の軋轢が数え上げられるが、軋轢という言葉をとりあえず用いたように、それらは必ずしも「相互に利益をもたらす」ものではない。それどころか、相互に対立葛藤からくる苦痛を与え合うということさえ珍しくない。そこで教育学の知恵が出番になるのである。対立や葛藤からさえも、当事者の人格形成にプラスの作用をするものを探し出し、それが生起する条件を解明して、今度は意図的にそれを活用するということである。苦痛を一時的に与えることはあっても、後で人格形成その他ではっきりプラスに転じるならば、「共生」の範囲に含めようということである。

相互魅惑

異文化との出会いで、相手が異文化であるからこそその珍しさ、斬新さに魅惑されてしまう、という現象は広く見られる。その魅惑が相手の現実直視ではなく、特有のゆがみをもたらしてしまったとしても、異文化体験の一つの形であることに違いはない。

一九世紀フランスで見られた、日本の伝統美術に対する「異様なまでの」関心はジャポニズムという言葉を生んだし、西欧社会が東方文化に興味を持つ現象を広くオリエンタリズムと呼んで、その特有のゆがみを指摘するのは近年の社会学の流行であった。これは何も西欧人だけの習性ではない。東洋人は東洋人で西欧文化との出会いにおいてそれに強く魅惑された。それは相手の「強さ」の秘密を知りたいという動機もさることながら、ただ単に「その新奇さの故に」魅惑されてしまったということも少なくないのである。特に芸術領域での影響にはそれが多いようである。

相互刺激

人間が感覚受容器を備えた動物である以上、その生活は常に外部（時には内部）刺激にさらされている。いわば生活がすべて刺激経験なのだが、それでは四六時中右往左往してしまうので、人はほとんどの刺激経験とそれへの反応をパターン化して身体化し、自動化、無意識化、自明化していく。こうして人（動物）は行為様式を蓄積固定していくのだが、それはある意味で生活のルーティン化であり、安定する代わりに進歩を棚上げしてしまうようなものである。

これを突破するのが、新奇な経験がもたらす刺激であり、その宝庫としての異文化との出会いである。とりわけ、異文化人の行為様式は刺激受容の様式と反応行為の様式の両面にわたって新奇さに満ちており、あるいは魅惑して模倣を誘発し、あるいはそれまでのルーティン化した行動様式に引導を渡してあらたな行為様式の発明を促す。このように、異文化あるいは異文化人は何よりも人々の日常のルーティン化した生活を揺さぶる刺激として注目に値するのである。

対立・葛藤

前述の相互刺激が相当に強く、相手の側の日常的行為様式を根底から揺るがす場合、その刺激源が特段に魅惑的なのでなければ、大概の場合、相手の側に防衛的構えを惹起する。これは双方の対立関係や葛藤関係を生じさせ、後に詳述するように極めて複雑な変化を当事者の心的構造に起こす。ちなみに、対立とは双方が防衛的になって相手の行為様式や思考様式を否定して自己防衛を図っている様をさしており、葛藤とはこの相互の否定的刺激が否定し返すことで中和し切れず、信念の構造にまで作用して、それを揺さぶっている様をさしている。刺激がこのように内部にまで届いたときにこそ、それまでの自明化した信念構造や行為様式を変化せしめる力を持つのであって、刺激が双方の外部処理に委ねられている間は、いわば変化への助走段階なのである（少数派影響*や操作的トランスアクション**参照）。

以上、共生社会における構成員同士の相互作用を概観してきた。これらのかなり濃密な相互作用のある共生社会でこそ、発展的な人間形成が起こるのであり、この故に私たちは共生社会に強い関心を向けているのであるが、言葉の字面だけからの解釈ならば、「共生社会」は必ずしもそのようである必要はない。極端な場合で言えば、双方の人間が互いの傍らに生きているが、害し合うということがないだけで、互いに無関心であり、当然、互いに利益を与え合うということもないケースも共生であり、共生社

＊　セルジュ・モスコヴィッシ（Serge Moscovici, 1925～）フランスの社会心理学者。少数派影響理論で知られる。その中で彼は常識に反して、深く強い影響は少数派から多数派に対して及ぼされることを示した。社会科学高等研究院院長を務めた。

＊＊　社会心理学者・発達心理学者のM・W・バーコヴィッツ（M.W.Berkowitz）の用語。相手の言動に対する批判的言動を内容とする相互作用を言う（岡田敬司『かかわりの教育学』一二七～一三二頁参照）。

とをわきまえておく必要があろう。「所を同じくして生きる」点を重視したのである。きる近未来社会の姿を描写したが、これも共生社会の一バリエーションとして十分にあり得るというこ会の一つの形と言えるのである。数土直紀*は、互いに理解し合うことも断念しつつ、なおかつ共に生

3　異文化共生と自律者共生

先に「共生社会とは何か」において、共生の生物学的含意である「別種の生物が」を「異文化の人間が」と読み変えることで共生社会という言葉の意味をはっきりさせようと提案した。ここではさらに一歩進めて、「異文化の人間が」と「自律者が」とが読み替え可能であることを示そうと思う。

自律者とは、自分の行為を自分の判断で決定できる者である。「自分の判断で行為決定する」ことは、結構複雑なことである。そのためには、行為が対処すべき当の問題事象の（意味の）把握ができていなければならない。次に、主体自身の欲望、願望、意図など、心の向きや有様を把握していなければならない。出会った出来事の意味は客観的に、それ自体として決しているのではなく、対処する当事者の心の構えとの相関で決まるからである。

主体の心の構えは刻々に変化するものであるが、それでも性格という言葉があるように、かなり安定した、持続性のある構え、あるいは構造と呼べるものがある。これを内部世界と呼び、先に述べた問題事象群の記憶蓄積から生じる構造（これは、初期はただの知識断片の集合であるが、ある閾値を越えて蓄積

されると、情報が整理されて何らかの構造を形成するに至る）を外部世界と呼ぶことにしよう。内部世界と外部世界は相関して形成されていくものであり、事後的に分離して捉え得るにすぎない。

この内部および外部世界は、普通は総合されて、主体の行為に意味を与える「意味世界」をなしている。主体は自由の名の下に、自分の行為を恣意的にゼロから決するのではなく、この「意味世界」あるいは「世界への見通し」が浮き上がらせる「事象の原意味」によって行為を大きく動機づけられる。これをそのまま具体的行為に現す浅慮もあれば、これを核としつつも、それを意識的に熟慮して後に行為に現す場合もある。（広義には双方とも自律だが、狭義には後者が真の自律である。）

以上からも分かるように、自律者は何よりも自分の意味世界を持っている者であり、それが促す行為の様式、思考の様式、感じ方の様式を持っている者である。つまりは自分の文化を持っている者のことである。

ここで若干の意味のズレがあるとすれば、「文化を持つ」ことは普通、集団的になされていることが多く、「共同体の文化を共有する」ことをさすことが多いからである。これに対して、「自律する」ことは、文化を持つことによって達成されるにしても、その我有化が注目されるのであり、共有化の局面ではないのである。

このことからすれば、自律者共生は諸個人の共生を問うものであり、異文化共生は諸集団の共生を問

＊　数土直紀『理解できない他者と理解できない自己』勁草書房、二〇〇一年。

うものだという違いがある。私たちは個人としての子どもの共生の条件を探るのと同時に、特有の文化を共有する子どもたちの集団としての共生の条件も探っていかなければならない。現代社会の状況がそのようになっているからであり、学校社会も同様だからである。このようなわけで、以下の考察においては、個人の文化という用語法と集団の文化という用語法を混同しないようにしつつも、連関させて用いていく。

例えば学校でマイノリティの在日韓国朝鮮人の子どもたちとマジョリティの日本人の子どもたちの集団としての相互理解と相互刺激を図っていくのが異文化共生だとすれば、知的障害を持つA君と健常児のB君の個人的友情を核とする相互理解・相互刺激を図っていくのは自律者共生である。知的障害児も多くの面で自律者であることに留意しよう。もちろん民族的文化を異にする子ども同士の間の個人的理解の深まりや相互刺激もよくあることだから、異文化共生と自律者共生とは重点の置き所が違うだけで、実質上は大幅に重なる概念である。

4　強制なき異文化受容（小坂井）

小坂井敏晶*は、日本が西洋文化の取り入れをかくも円滑に成し遂げ得たのはなぜか、という問いに、社会心理学の立場から興味深い答え方をしている。その一つの条件が「異文化受容が強制されないこと」であるが、これは子どもが（異）文化を学習するとき、強制されないことと大きく重なる。確かに強制の下でも模倣は起こるのだが、それは一過的なものにとどまり、習熟と呼べる状態に至ることはないのである。なんとも興味深い同形現象ではないか。

もう一つの条件は、影響源たる西洋(の人々)と被影響者たる日本人との距離が保たれていたことである。非西洋の国の中で、植民地化やその他の支配形態で、西洋人と直接的な接触をほとんどしないですんだのは日本くらいのものである。この距離の存在は、影響源とそこから由来した情報たる異文化そのものとの分離を容易にする。誰のものか、ということをあまり意識せずに、文化情報そのものに向き合えるということであり、その解釈についてオリジナルな意味づけからかなり自由に、場合によっては受容者の都合に合わせた解釈に変容させて受け取ることさえ可能だということである。

要するに主体的な受容が(学習が)重要だということであるが、これを教育・学習状況に当てはめてみるとどうなるか。

影響源と文化情報そのものの分離が鍵であるが、教育者と教育内容との分離と読み替えるとどうであろうか。確かにそのような分離がなされれば学習者は教育者の権威を感じずに済むだろうし、感じるとすれば教育内容の権威、つまり真理性そのものであろう。一般に、子どもの学習の場合は、教育内容の真理性は子どもによって直接に感知されず、それを語る教育者の人格への信頼によって媒介される。つ

---

* 小坂井敏晶　モスコヴィッシ門下の社会心理学者。パリ第8大学教員。『異文化受容のパラドックス』朝日選書、二〇〇六年参照。

まり他者の人格的影響下にあるわけで、真理性そのものの直接的感知という自律状態には至っていない。これが子どもの定義だとも言えよう。

とすれば、社会心理学の示唆による影響源と文化情報そのものの分離という条件は、教育場面における他律的学習から自律的学習への移行の条件を述べていてくれたことになる。

ここで私たちは一つのジレンマに出会う。確かに教育者の人格的影響を脱して、教育内容の真理性の権威にのみ導かれて学習が進んでいくことは、理想的な自律学習であるが、そこでは教育者の働きはあって無きが如きものに成り果てていないだろうか。これをも教育と呼べるのだろうか。

いや、教育内容の提示は他ならぬ教師によってなされているではないか。これこそ教育者の最大の仕事ではないか。確かに。しかしそのような提示は、本やその他の情報媒体によってもなされている。学習者に読み取る意欲がありさえすれば。

要するに、文化情報そのものに直接的に対峙し得るかどうかが問題なのだが、教育者の人格的影響を脱したかどうかは、いかにして知ることができるだろうか。最も明瞭な指標は「学習者が教育内容を批判的に吟味したか否か」であろう。「批判的に」の具体的様相を明示するのはた易くはないが、例えば教師の示した情報解釈の方法と違った解釈を試みる、などは「批判」の現れであろう。この際の批判に、教師に対する反発があるかどうかは本質的な問題ではない。感情的な距離よりも、知的自由をもたらすような認識的な距離が重要だからである。それは他ならぬ認知的地図（世界の見取り図）の多重化、精密化、豊富化によってもたらされるであろう。

以上で述べたのは、学習者の自律学習能力の増大による、比較的平穏な状況下での、つまり影響源たる教育者との対立のない状況下での異文化受容（学習）の進行の様であった。次に検討するのは、この影響源との対峙がこのような幸せな流れによって間接化され、平穏化された状況ではなく、まともに対立・葛藤を惹起してしまった状況である。換言すれば、影響源の脱人格化に失敗した事態である。

5　対立・葛藤を経ての異文化受容

異文化共生と自律者共生が通底するものだということを見てきたのだが、そうした共生社会を実現する上で、最も克服困難なハードルが異文化間対立であり、異文化間葛藤である。教育が、そして教育学がこのハードルを越えるのに、いかなる貢献をなし得るのかを考えていくのが本書の課題であり、目下の見通しを言えば、この克服の過程を経ることによってこそ、自律者の自律の内実が豊かになり、近代初頭の孤立自閉の傾向のある自律概念から、今日的な、関係に支えられての自律概念への転換が実現するのである。私たちの追究する「共生社会への教育学」は、このための諸条件を解明しようとするものである。

さて、異文化の出会いが相互魅惑、相互刺激、対立・葛藤といった様々な当事者の変化の機会となることを指摘したのだが、中でも最も強烈な変化の機会となるのが対立・葛藤である。そしてそれは当事者の発展的変化の機会であると同時に、否定的な、対抗的、防衛的変化の機会（危機）でもある。よく研究された手段と方法で事態を制御する必要がある所以である。

相手の異文化性を感知すること

相互魅惑などの穏やかな場合よりも、対立・葛藤の場合の方が相手の異文化性の感知ははっきりしている。前者では好感として感知されるが、後者では嫌悪感、反感として感知される。ネガティヴな刺激の方が強く感知される傾向にあるということである。

このことは私たちを一種のジレンマに陥れる。私たちは平和的な共生社会を構築しようとしているのだが、それが実現された暁には、刺激に乏しい、安楽ではあるが半ば眠っているような状態になるのではなかろうか。私たちは先に、生物学的な含意からして、共生には互恵性があることに注目した。しかしその利益が何であるかはつぶさに確認しなかった。その利益が単なる安穏であった場合、その価値は認めざるを得ないにしても、当事者の成長発展への刺激の強度は多くを望めないのである。安定を望むか、リスク付きの発展を望むかのジレンマである。

安穏な関係の方はメリットがぼやけているにしても、リスクが少ないことははっきりしているから、この関係のメカニズムの解明の緊急度は、対立・葛藤的な異文化関係の方より小さい。私たちとしては、全関係のバランスの取れた研究ではなく、対立・葛藤的な異文化関係の研究に集中して取り掛かりたい。

話は戻るが、相手の異文化性の感知強度は、子どもと大人の間でどのような違いがあるだろうか。実証的な研究を待たなければならないが、おそらくは、自文化の蓄えと構造化が進んでいない幼い子どもであれば、相手の異文化に接しても、それを異物と思わず、むしろ魅惑されてしまうことが多いだろう。子どもの模倣能力が高いと言われることも関連するであろう。それに対して、自文化をしっかり身につけた大人の方は、自他の差異がいやでも目に付いてしまい、反発や葛藤が生じてしまうことが多い。無論、寛容の文化、歓待の文化というものもあるのではあるが。

第3章 ── 子どもは劣った異文化人か

文化という言葉が行動様式、思考様式、感情様式などをさして用いられるのは、文化人類学の常だが、この場合様式、つまり構造的な秩序の存在が鍵になっているようだ。しかも文化が自然の対立概念であることからすれば、行為における構造的な秩序であっても、自然由来、つまり生物学的な遺伝によるものであってはならず、文化由来、つまり社会集団の伝統の伝達によるものでなければならない。

一方で、自然由来のものと文化由来のものを截然と区分することが、不可能に近いという事情がある。巨視的に見れば、本能といえどもある文化が遺伝機構に取り込まれたものだということはさておいても、自然由来の本能的行動様式が、まったくの真空中で発現するのではなく、人間的環境の中の、つまり幾分かは文化に染まった環境からの解発刺激*を受けて初めて出現するということだ。そのため、赤子の本能的行動様式といえども、純粋に自然由来のものと断言することはできない。赤子といえども無文化人と断じることは難しいのである。

このような事情で、子どもは一般的に言って無文化人ではなく異文化人だということになる。大人と共通の人間環境からの解発刺激を受けるのだから、異文化ではなく同文化だろうといぶかる向きもあるかもしれない。解発刺激についてその通りだが、それを受けて発現する行為様式の自然的要素の割合あるいは比重が圧倒的に大人の場合より大きいのである。程度の差だと言ってしまえばそれまでだが、この差は質の違いとして「大人文化」と識別される「子ども文化」の認識を可能にする。この認識がどのようなものであり得るかは、後ほど本田和子の記述を例にとって見ていくことにしよう。

1 クレオール研究の視点

大修館の『仏和辞典』によれば、クレオールとは「(特に西インド諸島の)植民地生まれの白人」あるいはクレオール語、つまり「植民地で原住民の用いる、ヨーロッパ諸国語と土着語との混成語」をさす。クレオール人の心性及びクレオール語の本性については、多くの研究がなされ、議論が戦わされてきている。これを参照しながら、異文化交流とは何か、それは何をもたらすのかについての考察を深めていきたい。

複数文化研究会の手になる『〈複数文化〉のために』という著作**の序文に次のような一節がある。少し長いが大切な点をきちんと述べてあるので引用する。

私たちは常に、複数の文化が幾重にも重なり合った網の目の中に投げ込まれている。それゆえ、複数の文化が出会う場面においては摩擦や軋轢が生じざるを得ないし、そうした齟齬はしばしば主導権をめぐる熾烈な争いを呼び起こすことにもなるだろう。もちろんこうした衝突が引き金となって異種交配が進み、全く新しい型の文化が登場するという場合もあるには違いない。だが、たとえそうした場合であっても目を凝らしてその内側をよく観察してみれば、そこにはなおも複数の文化の痕跡が互いに和解し得ないまま沈殿しているのが見えてくるはずである。いかなる形であれ、均質な一体性を持った文化などというものは、あり得ない。私たちが日々接しているのは、揺らぎや騒音をはらんだまま、どこまでも〈複数〉のものとして存在する〈文化〉なのである。

(1) 文化は多重的である。
(2) 各層は調和的に統合されているよりも、互いに葛藤含みのことが多い。
以上の二点が要点と思える。そしてこの特質をもたらしたのは一般的に言って文化形成の歴史プロセ

＊ 解発刺激とは、潜在的な遺伝情報が顕在的な形質として発現するに際して「ひきがね」の役目を果たす環境要素である。
＊＊ 複数文化研究会編『〈複数文化〉のために』人文書院、一九九八年。

スであり、これを最高度に可視化したのがマルチニック諸島を舞台にしたクレオール文化の形成過程だったのである。

個人の行動、思考、感情のあり方が一定の形をとるとき、これをその人の人格と呼び、環境文化の浸透物、つまりはその人の文化と見なすのだが、前記の指摘によれば、個人の人格や文化が内部亀裂や葛藤をはらんでおり、決して全面的な統合物などではないということである。

こうした指摘は、例えばフロイトの精神分析*にも顕著に認められるし、古来、心理劇の重要なテーマになっていたものである。それではクレオール研究の成果の何が新しいのか。それは、この内部亀裂や葛藤を諸民族の出会い、闘いあるいは融合の歴史の産物として具体的に描き出したことである。一般の人格心理学は統合性を強調して、隠れた亀裂葛藤に目を向けなかったということであろう。稀に目を向けたにしても、その空想性、幻想性に重点を置いて、現実の歴史過程の産物とは考えなかったということだ。

教育を異文化交流として考えるとき、私たちはある子どもの人格形成を、当人の具体的な他者との出会い、異文化との出会いの歴史過程として捉えることができるということだ。無論、これが直ちに想像的、幻想的過程を無意味だと見なすことにはならないが。

＊

ところで、(1)文化は多重的で、(2)葛藤含みである、というこのクレオール研究の視点は、よく考えると奇妙なジレンマを抱えている。つまり、互いに対立葛藤し得る文化の各層はそれ自体としては十分な統一性を持っているのではないか。そしてその各層が当人、当該社会集団の出くわした歴史的に現存した複数の文化由来なのであるから、この由来元の文化自体は内部葛藤よりも統一性でもって特徴づけられるのではないかということである。始原の文化、あるいは要素文化は統一的だと考えざるを得ないのではないか。そしてクレオール研究の根本的なテーゼが「文化はすべからく多重的で葛藤含みだ」ということであるなら、そこにジレンマの存在を無視することはできないのではないか。

このジレンマとどこかで関係しているように思われることに、先の『〈複数文化〉のために』の中の「複数の言語文化が〈併存〉するのではなく〈共存〉するのだ」(二一八頁) という指摘がある。この共存、併存というのは、ある個人の人格において言語的行為様式としての文化が複数併存あるいは共存することをさしている。ある「共通語」が君臨し、その下に多言語が併存するというのではなく、「各個人が複数の言語を場面と相手によって使い分け、その時々に成り立つ関係の場において、緊張を回避するのにもっとも適した言語を選択している」(二一八頁) のである。共存とは後者の場合をさしている。無論、この選択が他者の不透明さからくる緊張の存在を前提にしている事実を忘れてはならないだろう。

つまりウォロフ語やフルフルデ語やフランス語が固有の統一性を有する構造体であるという意味で、単位要素としての言語文化は存在している。この要素文化の中では葛藤より統一が表に出ている。葛藤

＊ ジグムント・フロイト (Sigmund Freud, 1856〜1939) 後期の超自我・自我・エスの三層構造論などが典型である。

含みなのは、それら要素文化をすべて我がものにしている主体の方であり、状況や相手に応じて要素群からの選択をしなければならない主体の方なのだ。

ところで、この状況に応じた要素言語文化の使い分けをやってのける主体の能力は、いったい何に基づいているのだろうか。常識的な答えは、母語の論理構造であり、それが根を下ろしている生活世界であろう。しかし政治権力を背景にした共通語の超越性を否認したからには、生活世界に根付いた（と想定されがちな）母語の超越性をも否認しなければならないのではなかろうか。それが共存の論理である。

ここで必要になってくるのが、主体イメージの変更である。普通は母語と大きく関係する主体の根幹的アイデンティティというもののない、言わば枝葉ばかりからなる主体アイデンティティのイメージである。ドゥルーズの言うリゾーム型*のアイデンティティと言えば、かなり近いであろうか。しかしリゾーム的全体は元来輪郭を描きにくいものであり、この意味でリゾーム型アイデンティティという表現が成立するかどうかは問題含みなのである。中心を持たない多焦点の私、これがその主体イメージである。外なる文化にも内なる文化にも統一的構造としては捉えきれない何かがあるということであろう。

とすれば、「異文化間交流としての教育」とは、何も特別に他民族の文化との出会いで起こる現象に限られるものではない。元来、焦点の定まりにくい子どもという主体が、多元的、多層的な文化環境の中で複数焦点化していく過程全般をその名で呼ぶことができるだろう。私たちの見るところ、この呼称の特徴は他民族文化との出会いを強調するところにではなく、主体の主体性の非単一性、つまりは多焦点性を強調するところにこそあるのだ。

2　本田和子の視点

クレオール研究の具体的歴史事実の重視とは逆に、と言ってもいいほど、子どもあるいは子ども文化の幻想性を強調するのが本田和子である。以下『異文化としての子ども』**に依りながら要点を紹介する。

本田は子どもの存在様式を「べとべと」、「ばらばら」、「わくわく」、「ひめやか」、「もじゃもじゃ」、「ひらひら」などといった独特の表現を用いて示していく。すべて客観的叙述用語でなく、感性を刺激し「挑発する」ことばである。これらのことばで表されるのは認識様式ではなく、大人と子どもの関係において互いに挑発し、挑発される相互的存在様式である。

先ず「べとべと」と「ばらばら」を説明しよう。どちらも、生命に満ちた子どもが蠢動し、あふれ出

＊　フランスの哲学者ジル・ドゥルーズ（Gilles Deleuze, 1925～1995）の用語。幹と枝葉からなる樹木型階層秩序に対し、ランナーを四方八方に伸ばして、その先でそれぞれ勝手に根を下ろす根茎型秩序をさす。階層秩序の観点からすれば〈無秩序〉とも言える（『千のプラトー』宇野邦一他訳、河出書房新社、一九九四年「序」を参照）。

＊＊　本田和子『異文化としての子ども』ちくま学芸文庫、一九九二年。

す様が大人の感性を刺激したときに出てくる表現だが、目に付くのはその脱秩序性である。本田の観るところ、子ども（文化）はその脱秩序性で際立っている。この点を重視するならば、子ども文化は異文化と言うより非文化である。あえて異文化と見なすのは、いかに文化の外なる存在の様相を濃く示そうとも、そしてたとえ秩序的なことばでこそ捉えきれなくとも、「べとべと」、「ばらばら」のような体性感覚的擬態語の力を借りれば、何とか隠喩的に彼らのありようを示すことができるからである。

本田の言うところでは、泥遊びは子どもの存在様式と不可分なのだが、それは山や川やダムを作り出すことよりも、「泥」そのもの――新たな存在――を作り出すことにある。泥は砂と水という旧秩序の破壊であり、新たな世界を作り出す原物質、原形態の創出だと言うのである。「ばらばら」は動き回る「断片」として子どもをよく表している。

ままごとのゴザの上を消防署に見立てて、たむろしていた子どもたちが出動した。「火事だぞ！」と。一歩遅れて後から駆け出した一人が、歌うように口にすることばは「早く早く、急いでいいものを買ってこよう」。この小さな消防署員は、消防活動に出動するのだろうか。それとも、おやつでも買いに行くのだろうか。これら子どもたちの行為は辻褄が合った物語にされることを拒み、さながら、その不統一性、意味不明性にこそ真骨頂があると言いたげである。私どもが、意味の一貫性という網を差し延べるや否や、それらはすばやくこぼれ落ち、「ばらばら」と散らばって、こじんまりと掬い取られることを拒否するのだ（五二頁）。

長々と引用したが、子どもの行為の断片性あるいは非一貫性を実に雄弁に表現している。子どもの行為の、あるいは存在様式の「ばらばら」性とは、要するにこういうことである。前節「クレオール研究の視点」で述べた子どもの主体性の多焦点性と何と似通っていることか。

さて、「異文化交流としての教育」を考えるについて、本田の視点は何をもたらすのか。それは何よりも、教育が相互挑発であり、それも大人と子どもという異質な文化、異質な存在様式の出会いで起こる相互挑発なのだ、という発見である。互いに異質な文化であるから、出会ったとしても論理的整合性を持って繋がっていくことはない。しかし多くの場合、それが単にすれ違っていくだけに終わらないのは、子どもと大人に共通する基盤としての体性感覚があるからだ。

私たちは前節で、共通言語というものの権威に寄りかかることを拒み（上への超越の拒否）、かつ、生活世界に根付いた母語というものの特権に寄りかかることも拒んだ（下への超越の拒否）。そしてこれこそが共存（併存ではなく）の論理なのだと述べた。複数文化研究会の見解と大きなズレはないはずである。本田は、この双方拒否の立場とは違う。相互挑発の起こる根拠としての体性感覚的共通性の存在を明確に認めるのである。もっとも、母語の超越的力能に寄りかかることを拒むことと体性感覚的共通性の力を否定することとは厳密には同じではない。前者は原文化であり、後者は文化一般の基盤であるとも言えよう。もしそうであるならば、原文化としての母語も、体性感覚的共通性を基盤にしてこそ成立しているのだ。

3　異文化相互の対等性（レヴィ＝ストロースと山下恒男）

何はさておき、教育を異文化交流として考える視点のメリットは、教育する側の文化と教育される側の文化を優劣の尺度で測らない点にある。教育の文化伝達が当然のごとく価値上昇をもたらすものと見なされていたことからすれば、画期的なことだ。教育思想としてはインクルーシヴ教育以外に確立したものは見当たらないが、文化人類学におけるC・レヴィ＝ストロース、心理学における山下恒男の思想などは隣接領域における先駆形態と見なせよう。

1　レヴィ＝ストロースの人類学的視点

レヴィ＝ストロースは、いわゆる未開文化を価値において劣ったものとは見なさない点で際立っている*。先にも述べたが、J・ピアジェが精神発達の視点から、いわゆる未開人の思考構造と精神障害者の思考構造とを幼い子どもの思考構造になぞらえた**のに対し、未開人にも大人と子どもが存在し、その思考構造は異なるという明快な論拠を持って厳しく批判したのがレヴィ＝ストロースである。彼は未開文化と見なされている人々も、高等数学に匹敵する婚姻規則の演算を行っていることを例に引いている（『親族の基本構造』）。この思考構造がそれでもなお可逆性の観点から文明社会の大人の思考構造より劣っていると言えるのか否かは、ピアジェとレヴィ＝ストロースの論争点であるが、筆者にその決着をつける能力はない。きわめて高度な（可逆性に富む）思考構造でもって複雑な演算を行うのは、文明社会であれ未開社会であれ、ごく一部の大人に限られるということに違いはないように思われるのだが。

このように文化間の優劣視を拒むレヴィ＝ストロースが、大人・子ども間の優劣視までも拒んでいるか否かは不明瞭である。子ども文化というものの存在についてははっきりとした見解を示していないからである。子どもの思考構造についてはピアジェ同様に構造化不全と見なしているように思われる。

2　山下恒男の反発達論＊＊＊

教育の本質が強者による弱者の支配的同化であることを、異文化の支配・同化として語ってきた。山

＊　クロード・レヴィ＝ストロース（Claude Lévi-Strauss, 1908～2009）『親族の基本構造』福井和美訳、青弓社、二〇〇〇年。構造主義の代表者として知られる文化人類学者。

＊＊　ジャン・ピアジェ（Jean Piaget, 1896～1980）「だからレヴィ＝ブリュールが定義した『原始心性』、フロイトとその弟子たちが記述した自閉的・象徴的思考、Ch・ブロンデルが仮定した『病態意識』と同じ次元で、子どもの思考を、文明化された正常な大人の思考に関係づける日がやってくると、私は思う」（『判断と推理の心理学』滝沢武久・岸田秀訳、国土社、一九六九年、二七四頁）。「〈野生の思考〉が私たちの間に依然として現存しているとしても、それは科学的思考より下の水準をなしているのだ」（『構造主義』滝沢武久・佐々木明訳、白水社、一九七〇年、一一八頁）。

下は、ほぼ同様の主張を反発達論として展開している。反発達論に依れば「発達・進歩」というのは抑圧的概念であり、近代資本主義生産体制にとってプラス効果を持つ現象を「恣意的に」発達あるいは進歩と呼んだに過ぎない。彼の視点からすれば、発達概念の危険性は、それが本来近代資本主義の資本増殖運動に寄与するか否かという人為の尺度であるにもかかわらず、あたかも生物に普遍的な「自然の」尺度であるかのごとく装っている点にある。それによって「発達」から取り残された子どもや障害者や未開人たちの被抑圧の現象をあたかも自然現象であるかのごとく糊塗してしまうのである。広くは女性についても同様である。これら様々な被抑圧者たちは、資本増殖の運動にとってプラスになるような方向での変化を、あるいは期待され、あるいは強要され、実現に応じて「発達した」と評価されたり、廃物扱いを受けたりするのである。

心理学者である山下に期待したのは、例えば階級的抑圧とは無縁に見えるピアジェの知能発達の理論（発達とは思考の脱中心化、可逆性の増大、進行のことである）の背後に隠れた抑圧や支配が存在していることの暴露であったが、さすがにこれは一朝一夕には成し遂げ得ることではなさそうだ。私たちの見るところ、山下の反発達論は心理学に内在しての批判というよりは、文明論、文化論に踏み出すことによって可能になった外在的批判である。ピアジェは発達のゴールである完成態を超文化的客観性を持ったものとして描くが、山下にとって完成とか完全とかいった表現は美意識や価値意識に過ぎず、それゆえ文化相対的な主観的なものなのである。

はからずもレヴィ＝ストロースと山下の両者が共に文明論、文化論の立場から心理学的客観概念としての発達を批判し、相対化していることを確認することになった。これは、文化論的なスタンスに立つ教育論が不可避的に教育価値（発達を含む）を相対化せざるを得ないことを示唆するように見える。

果たして私たちは普遍一般的な教育価値としての人間性とか理性とか、そしてそれらの完成へ向かっての発達という考えを放棄しなければならないのだろうか。

異文化間交流としての教育という考え方は、ここに至って独自の価値を持ってくるように思われる。それはいったんは普遍一般的な価値やそれへ向かっての発達というものの客観的存在を拒否しながら、つまり自然的所与としての教育的価値や発達の欺瞞性を指摘しながら、そこにとどまることなく今度は所与ではなく、非支配、非抑圧の異文化交流の中で共同で産出していく価値として共生を本質とするような人間性を認める立場に転換できるのではなかろうか、ということである。

4　文化的差異を階層化することは正当か

ピアジェやコールバーグの認知構造の発展説*は、子ども文化やアジア・アフリカの文化を欧米の大人の文化の下位に位置づける結果になったが、これは正当化できるものなのか否か。慎重に吟味しよう。ギリガン**が指摘した、男文化を女文化の上位に位置づけることの問題性も同種のものと見なせるの

***　山下恒男『反発達論』現代書館、二〇〇二年。

で、合わせて検討しよう。

● 特殊機能における序列性
● 生体と環境の関係システムとしての文化の序列性

同一尺度で計測できるもの同士だけが序列化できることからすれば、私たちのような全体論的な定義（システム・構造）をした「文化」は、レヴィ＝ストロースの指摘***を待つまでもなく、序列化困難である。こうした場合でも、あえて序列化を図ろうとすれば質的尺度、例えばカンギレムの正常／異常尺度****のようなものに頼らざるを得なくなってくる。

カンギレムの正常／異常の判別法は、前者を後者の上位に置く階層序列化と見なせるから、これで文化の序列化が可能になるか否かを調べてみよう。

考え方や感じ方そして行動のし方などを広い意味での行為の様式と呼び、その全体をもってある個人の、あるいはある集団の文化と呼ぶとすれば、それが全体的まとまりを持っていることは容易に認め得るであろう。もちろん、ドゥルーズとガタリのように、主体の行為は様々な行動機械の作動の合計につけた名称に過ぎず、そこには何の統一性もない、とする見方もないではないが、ひとまずは全体的まとまりが存在するという立場をとることにしよう。そのまとまりが、性格的な特徴の固定性によって維持されるのであれ、主体の生活の展開の中で、生活史的に物語が紡ぎ出されていって全体的まとまりに至るのであれ、結果的に全体的まとまりが存在すればよしとするのである。

さて、こうした全体的まとまりとしての文化が全体性であるとはいえ、ある特定面の機能だけに着目して比較することは不可能ではないから、ピアジェやコールバーグがやったように、問題解決機能の強弱によって様々な文化を序列化することは可能である。そしてこの強弱はピアジェによれば、認知的構造の脱中心化の度合いや可逆性の度合いによって説明され、序列化は正当化されるのである。

しかし人間の文化の優劣は、問題解決機能といった認知的側面だけで決まるものではない。感情面の繊細さや多彩さ、あるいは意志面での決断力の強さなども別の尺度であり得よう。

個別側面の尺度では所詮、一面的測定のそしりを免れないから、次に全体性を全体性として総体で優劣をつける可能性の考察に移ろう。取り上げるのはカンギレムの正常／異常の尺度である。文字通り全

＊　J・ピアジェ『知能の心理学』波多野完治・滝沢武久訳、みすず書房、一九六七年／L・コールバーグ(L.Kohlberg)ほか『道徳性の発達段階』片瀬一男・高橋征仁訳、新曜社、一九九二年。コールバーグはピアジェ流の知能発達観に立つアメリカの道徳心理学者・道徳哲学者。

＊＊　キャロル・ギリガン(Carol Gilligan, 1937〜)『もうひとつの声』岩男寿美子監訳、川島書店、一九八六年。ギリガンはコールバーグの共同研究者だったが、本書にみられるように、独自性を鮮明にしていった。

＊＊＊　C・レヴィ＝ストロース『親族の基本構造』福井和美訳、青弓社、二〇〇一年／『悲しき熱帯』川田順造訳、中央公論社、二〇〇一年。

＊＊＊＊　G・カンギレム『正常と病理』滝沢武久訳、法政大学出版局、一九八七年。

体的で定性的な測定尺度であり、医学的な健康／病気の尺度と大きく重なっているものである。

結論的に言えば、正常（健康）とは生体と環境との間の調和的関係が何らかの事情で壊れたとき（不適応が生じたとき）、新たな調和点を、内あるいは外の環境に働きかけて、再設定、再構築する能力である。異常（病気）とは、この能力の弱さであり、改変可能域の狭さである。

この創造性にも通じるような「再適応のための内外環境改変能力」をもって正常（上位）とし、その弱さ、あるいは幅の狭さをもって異常（下位）とするカンギレム流の序列化にどのような問題が残存しているかを考えてみよう。

まず気付くのは、その動的秩序崇拝の傾向である。静的、固定的秩序を機械的なものと見なして、動的な生命的秩序の下位に置く生気論的な傾向のことだ。これが現実描写や事実分析なしに安易に唱えられると、一種の神秘主義あるいはロマン主義になってしまうが、カンギレムの場合は、そうした危惧よりも動的全体論の持つメリットや魅力が前面に出ており、この故にこそ私たちもこれを採用したのだが、もし難があるとすれば、それを動的でありさえすればよい、と単純化して理解した場合であろう。一例をあげるならば、いわゆる未開部族の原始的な安定文化を資本主義先進国の変動社会の文化の下位に位置付けることである。

レヴィ＝ストロースが断固として反対したこの文化観は、しかしながら、私たちの常識となってしまっているかのようである。だが、「冷たい社会」に対する「熱い社会」の優位*は、熱い社会の住人にとって自明であっても、冷たい社会の住人にとってはそうではない。両者の異質性は明らかであるが、優劣関係は自明ではない。カンギレムの考え方も、幾分かは先進国文化の自文化中心主義の傾向を有するようにも見えるのである。悪く言えば、所詮は（再適応という）一面的機能の強弱への還元のようにも思えるのである。それでもなお、カンギレムの思想が真理であると言えるとすれば、それは人間が生物の一種として、何としても（種として）「生き残る」ことが最優先の課題だと認めたときである。

カンギレムの正常（健康）概念は、何よりも「生き抜く」あるいは「生き残る」能力の強さであったのである。それは人間の至上価値であり、正常（健康）の概念はその意味で非恣意的な序列化をしているのである。

＊　C・レヴィ＝ストロース『レヴィ＝ストロース講義』川田順造・渡辺公三訳、平凡社、二〇〇五年、第二講。

第4章 — 子ども文化の相対的特定

かつて発生論心理学者J・ピアジェが子どもの知的発達の段階を未開部族の知的レベルや精神障害者の知的レベルとの類比で論じたとき、C・レヴィ＝ストロースは未開部族にも、そして障害者にも大人と子どもの違いが存在することを的確に指摘した。つまり大人／子どもの異質性と文明人／未開人の異質性、そして健常者／障害者の異質性とは種類が異なるということである。

文明人と未開人との違いは序で述べたように、文化の違いとして捉えることができる。未開人の文化が支配を被ったがゆえに、あたかも劣ったものであるかのごとくに思いなすのであり、これこそがピアジェをして未開人と子どもを同一視させたのだが（ピアジェ独特の知能構造論は前章でふれた）、レヴィ＝ストロースの指摘を待つまでもなく、未開人の（大人の）文化は当の社会を維持するのに十分な内実を持っていた。西欧文明の文化に較べれば種々の異質性が認められるが、そしてそれが持つ攻撃性、それを実体化する武器において劣勢であったがために支配を被ることになったが、これは決して文化のレベルの優劣を示すものではない。熱い社会と冷たい社会、科学的思考と呪術的思考などと対比されることもあるが、これらは優劣ではなく種類の違いとして捉えるべきものである。その理由はすでに述べたように、どちらも社会の存続、維持という文化の第一義的任務を十分に果たしてきたからである。

さて、子ども文化についてであるが、まずそれが存在するのか否かから論じなければならない。子どもという概念が大人との対比で、あるいは親との対比で意味を持つものであるからには、子ども文化についても、大人文化との対比、そして親文化との対比で輪郭をはっきりさせていきたい。

1　大人文化と子ども文化

大人文化との対比から始めよう。年齢によって異なるが、大人の仕事中心の生活に対し、子どもの遊び中心の生活という対比がまず思い当たる。次いで子どもが学童期以降になれば、遊び中心というのがだんだん困難になってこよう。

社会の保存、維持に役立っているかどうかという観点からはどうであろうか。子どもの遊びについては様々なことが語られてきた。発達段階に左右されるが、ごっこ遊びや役割分担を伴う遊びに見られるように、遊びは社会性、協調性と主体性を調整する訓練の場を提供し、社会の担い手を形成するのに寄与している。もっとも、こうした有用性の観点からする遊び論はまがいものであって、遊び活動がもたらす子どもの生の充実に目を向けなければならないとするロマン主義的な遊び論にも根強いものがある。とにもかくにも、遊びは子どもの生に充実感を供給しながら、子どもを社会の担い手に向けて形成していく働きを持つと言えよう。これより幼い時期に顕著な「機能の遊び」などは、生物的発育そのものが直接現れていると見なすべきである。

2　親文化と子ども文化

親文化との対比で子ども文化を語ることは可能だろうか。親子の関係は大人／子ども関係と大幅に重なるが、あえて区別するならば親は依存され、援助する活動が主であり、子どもは依存し、援助を引き出すべく甘える活動が主であると言えよう。この子どもの活動が社会の保存、維持に役立っているか、その意味で文化の名に値するか、という問いに対しては、「担い手としてではなく、構成要素として」と答えるしかあるまい。社会防衛要員ではないが社会構成員であるという意味だ。実際、親が子どもの養育者として親文化の体現者たり得るのは、子どもが親の養育活動に相補的に応じて活動するからであり、この意味で子どもの活動様式としての子ども文化は親文化を成立させることを通して間接的に社会構造を保存、維持しているのである。

親子関係が社会構造の一部をなしている限りにおいて、子ども文化は間接的に文化として存立していると言える。大人／子ども関係において、子ども文化が独自の持続力でもって存立しているのとは対照的である。後者の場合、子ども文化は「子ども社会」とでも言うべき構造を担っているのである。

子ども文化の残る形態として、学生文化、あるいは学童文化について述べておこう。先に遊び文化について述べたが、これとの比較で言うと活動内容が遊びから学業に入れ替わっているのが最大の特徴である。学業についての子どもの態度は二極端から論じることができる。一つは能動的な学習活動であり、もう一つは受動的な学習活動である。前者は遊びに見られるように、独自の持続力でもって存立している学生文化だが、後者は教師の教授活動を成立させることを通して間接的、付随的にのみ存立する文化である。

以上に述べた子ども文化は、どの形態においても大人文化にとって異文化ではあるが、その他性あるいは他者性が違っている。親や教師といった子どもに関わることを本質的な任務としている役割との相補的関係において存立する子どもの役割行動様式は、他者の文化とは言っても、その内実がすべて予測がつくものであり、他我の文化とでも言う方が正確かもしれない。もう一方の遊びや能動的学習活動のような子ども文化は独自の存立が可能であることから、大人、親、教師の予想をはみ出した発展形態に至ることがあり、この意味で本来の他者の文化の特質を保持していると言えよう。

3　学者文化と子ども文化（異言語文化の問題Ⅰ）

ここで述べようとするのは、M・シーガル*がグライス**の会話研究に基づきつつ、学者と子どもの会話ルールの異質性に注目したことの教育学的帰結である。

シーガルは、ピアジェが説いた大人と子どもの論理構造の異質性ということを徹底して疑い、その「見かけの異質性」は心理学者と研究対象の子どもがコミュニケーション・ルールを共有していないことの結果に過ぎないとした。彼に言わせれば、子どもの思考構造が異常なのではなく、心理学者の発問が普通のコミュニケーション・ルールを無視した異常なものなのである。

グライスによると、会話には協調の原則があり、(1) 参加者は会話の目的達成に必要な貢献をする、(2) 必要な情報だけを与えよ、(3) 事実に基づけ、(4) 関連性を持たせよ、(5) 簡潔、明快に話せ、からなる。(1)は原則を言い換えたものだから、ルールとしては残り四つになる。

これらが守られておれば、子どもは著しく知的早熟の様相を示すことになる。思考の構造において大人と子どもは互いに異文化だと思われてきたが、実は心理学者の研究のための会話文化と一般の会話文化が互いに異文化だったのである。ピアジェが子どもの思考構造の異質性と見なしてきたもののすべてが、インタヴュー会話の改善によってなくなるものではない。しかし少なくとも幼い子どもは、心理学者のインタヴュー会話の形式に慣れていない。そのために、くどい質問に対しては「答えを変えなさ

＊　M・シーガル（Michael Siegal, 1950～2012）『子どもは誤解されている』鈴木敦子・鈴木宏昭・外山紀子訳、新曜社、一九九三年。

＊＊　P・グライス（Paul Grice, 1913～1988）『論理と会話』清塚邦彦訳、勁草書房、一九九八年。

い」という暗黙のメッセージを読み取ってしまうことが多いし、論理的でない問いに対しては、それでも意味を読み取ろうとして文脈を付け加えたりする。しかしこうした傾向は一般会話のルールに関しては、心理学者より子どものほうがより熟達者だということを示しているのではなかろうか。心理学者と子どもが互いに異文化人であるとすれば、それは子どもの方がより常識的な生活文化人であり、心理学者は生活世界と断絶した論理世界に住まう（ふりをする）異文化人だということだ。

シーガルの考えでは、幼い子どもは会話の変則可能性に対して未熟なだけであって、大人と基本的に同じ会話規則を尊ぶ同文化人である。そして心理学者こそがわざわざ変則会話を用いて研究対象を混乱させる異文化人なのだ。とは言え、幼児と大人の認識や思考が同じ構造だと断言するのも難しい。

シーガルは物体の保存や数の保存の理解において、大人と子どもや乳児との差異だと見なされていたものは、実は実験方法に起因する誤解だという。かなりの説得力のある説明がなされており、乳児でも生得的と見なせるような物の観念があること、数の保存の観念もまずいインタヴューのし方や実験構成のまずさで見えなくなってしまっていること、が説かれている。しかしなぜか、一番有名な液体量保存の観念の有無についての実験には言及していない。おそらくこれを誤解と断言するだけの論拠が得られなかったのだろうと思われる。

この私たちの見立てからすれば、発達心理学のインタヴュー式研究こそ、異文化が火花を散らしてぶつかり合っている現場である。そしてこの「異文化交流」は優勢な文化による劣勢な文化の貶価に過ぎず、教育・学習の場であるよりは支配・被支配の場となっているのである。

4　教師文化と子ども文化（異言語文化の問題Ⅱ）

先にシーガルに依りながら心理学者の言語文化と子どもの言語文化の異質性を述べ、その異文化のぶつかり合いが結果として子どもの思考や知能に対する貶価をもたらすことを見てきた。つまり評価する側の文化の優位ということである。

続いて検討するのは、同様に言語文化を異にする大人と子ども、具体的には教師と生徒の異文化のぶつかりが結果として逆の効果とも言えるような知識伝達の教育効果をもたらす様子である。

キャスデンが教育的会話の典型として発問（Initiation）、応答（Response）、評価（Evaluation）型会話（以下、「ＩＲＥ型会話」と略記する）を示した*とき、社会学者のメーハンやレムケは、それが日常の会話（大人および子供の）の構造とは著しく異なった、奇妙としか言いようのないものだと指摘した**。例えば先生が時計を見ながら「A君、今何時ですか？」と問う。A君が「11時10分です」と答える。先生がさらに「よくできました。その通りですね」と答え返す。これがなぜ奇妙かと言えば、答えを知っている者がそれを知らない相手に尋ねているからである。常識からすれば、物事を問うのは知らないか

---

*　C.B.Cazden, *Classroom Discourse*, Heinemann, 1988.
**　H.Mehan, *Learning Lessons*, Harvard U.P., 1979.

らであり、それゆえ知っている可能性の高い者に問う。教室の教育会話はこの会話の基本常識に反しているのだ、というわけである。

しかしこのグライスとよく似た非難のし方は、かなり強引に日常会話の構造を単純化・平板化して、それこそが正常だと決めつけてはいないだろうか。例えば会話の両当事者は基本的に対等である、というふうな決めつけがあるように思えるのである。確かに対等な者の間の会話は会話に基本形であろう。しかし親子の対話や教師・生徒の対話が歴然たる不対等の関係で行われていることも事実であり、これを非道徳的だとか人間性を逸脱しているとかいうふうに決めつけることはできない。人間関係には対等なものもあれば不対等なものもあるという現実から考察を始めねばならないだろう。知識所有に構造的な格差がある場合があり、それゆえ教師などという職業役割が成立するのである。

この場合、IRE型会話は会話の基本原則にそむいたと言うよりは亜型原則である「知識の確認の会話」のルールに従ったと言うべきであろう。会話の当事者が対等の関係にないとは言え、それを支配／被支配の関係に堕落したと見なすのは早計であろう。あくまでも不対等な教育的関係を維持したままでのことである。ここに見られるのは子どもを貶価する異言語文化交流ではなく、子どもの対等化を促すための異言語文化交流であり、一時的にしろ子どもの言語的知的能力を低く見積もっているように見えるのは、あくまでも経験量に比例する知識量の観点からであり、思考構造の観点からではないのである。いわば権威者として子どもから信頼された教師からの教育伝達の効率のよさに肯定的に着目しているのである。

5　家庭文化と学校文化（言語の問題としての文化）

家庭文化と学校文化は子どもの教育の二大遂行者である。幼児期には親が家庭文化の伝達者となって、児童期には教師と同輩（先輩）とが学校文化の伝達者となって、それぞれの時期に子どもの文化化、つまり環境文化への馴化を成し遂げていくのである。

1　家庭文化としての言語

学校文化との関係において大きな意味を持ってくるのが家庭の言語文化である。この点をクローズアップしたのがB・バーンスティンの研究*である。

バーンスティンに依れば、家庭の言語は著しい階級差あるいは階層差を示す。イギリスを舞台に実行された調査研究から、家庭の言語には二つの主要類型があることが分かった。即ち制限コードと精密コードである。

制限コードというのは労働者や黒人の家庭に多く見られる言語で、感情表現に富んでいて家庭メンバーの感情的一体感や義務感を鼓舞する力が大きいが、その一方で、物事の客観的認識や描写の力が相対

---

* B・バーンスティン（Basil Bernstein, 1924～2000）『言語社会化論』萩原元昭訳、明治図書、一九八一年。

的に弱い。

精密コードというのはこの逆の機能特徴を持つもので、中産階級やいわゆる知識人の家庭に多く見られる。もっともこれは両類型を対比させたときに、互いに反照することでめだってくるもので、純粋な制限コードや精密コードというものは現存しない。あったとしても、家庭のコミュニケーションを維持する力を持たない無用の長物であろう。つまり家庭の言語は、特に子どもが幼い間は感情表現に富んだ制限コード的要素を欠くことができない。幼児は理知的な能力よりも情緒的能力で大人への依存的関係を構築し、維持しつつ生存するからである。

心の機能を認知的なものと情緒的なものに大別できるとすれば、人は幼児期において情緒的絆を基として生存を維持し、その余剰として認知的能力を育んでいくのである。とすれば、中産階級や知識人の家庭において精密コードの発達が見られるとしても、それが制限コードを駆逐するまでに至っておれば、幼い子どもに過大なストレスとなり、その健全な発育にとって害となろう。

一般的に子どもが病的状態に追い込まれずにすんでいるのは、中産階級や知識人の家庭と言えども、はじめは制限コード的交流が主であり、それが認知的な力に富む精密コードに置き換わっていくのが、労働者や黒人の家庭よりも相対的に早く、顕著だということに過ぎないからであろう。

岡本夏木の研究*で、一次的ことばと二次的ことばとが対比させられるのは、大旨このような視点からの考えと合致する。岡本の言う一次的ことばは、ほぼバーンスティンの言う制限コードと特徴を共有している。それは幼児と養育者との親密な情緒的関係を維持するのに力を発揮することばであり、対人関係の中で作動する。一方、二次的ことばは言語主体の独特の認知能力に基づく自己設計の一貫性を持つ語りであり、描写である。人間の間の語りではなく、自我の語りである。

眼の付けどころは違うが、バーンスティンが家庭の階層差として分析したほぼ同じものを、岡本は子どもの発達段階の差異として分析したと言えよう。共に対比させられたのは「情緒的ことば対認知的ことば」、「人間間機能としてのことば対自我の単独者としてのことば」、である。

学校文化は知的語り、自我の一貫した語りを重視し、その能力を育むことを主たる目的としてきた。このことからバーンスティンは精密コードに家庭で既になじんでいる中産階級や知識人の家庭の子どもが、学校文化に適応するのに著しく有利であり、学校文化は社会階層間の差を拡大再生産する傾向にあるとしたのである。

このような学校文化の特徴が近代初頭の時代の産物に過ぎないのかそれとも学校が学校たる限り永続的、構造的な特徴なのかは見定めるのに厄介な問題である。講義形式の一斉授業からいくつかのコーナーにおけるグループ学習に比重を移してきた、いわゆる子ども中心の学校教育では、個人の一貫性を追求する自我形成教育から、協同の能力を追及する社会性育成教育へと変化したかに見えるが、ことはそれほど単純ではない。多くの新教育の協同学習において、究極目標は協同によって育まれ、そしてその協同を主意的に遂行していくような自我主体の形成である。そのことは協同学習の間に織り込まれた個

＊　岡本夏木『子どもと言葉』・『ことばと発達』ともに岩波書店、一九八二年・一九八五年。

別学習の存在に如実に表れている。近代の教育・学習は知的、情緒的に自律能力を持つような自我主体の育成を目的としているのであり、これから完全に脱却できているような（ポストモダンの）学校教育は管見の限り存在しない。

異文化交流の視点からこの二種の言語の関係を考えてみよう。

岡本の見るところこの二つは一方から他方への移行であるが、一次ことばが人間にとって永続的に重要なものであり続けることからすれば、移行と言うよりも二重化と言う方が正確であろう。これはバーンスティンの説に対する私たちの解釈においても大同小異であった。両コードは理念型であって、現実には両者は二重構造をなしている。学校教育は上部構造を選択的に強化するのである。上部構造とは自律的自我であり、その知的能力である。関係的能力、社会的能力と主意的自律能力、知的能力とが整合的な二重構造をなし得るのか、という問題については、私たちは論理的な答えを持ち合わせていないが、論理的整合ではなくとも相互補完的な関係構造は現に多くの人間主体において達成されていると考えている。

6　大人と子どもの異文化性の意義

以上で論じてきたのは、子どもの会話文化と大人の会話文化の異質性であった。子どもの会話文化が基本的には日常の生活世界に根ざしたものであるのに対して、大人のそれはあるいは学術研究を遂行する学者共同体に根ざしたもの、あるいは既存の知識の伝達を遂行する教師文化あるいは学校文化に根ざしたものである。後者は大人の会話文化の日常生活世界とは異なる領域、即ち専門的役割世界の部分に対応している。

教師や研究者が複数の会話文化を使い分けていることに注目しよう。研究用会話や教育用会話が日常生活会話からいかに逸脱していようと、それはそれで有用性を持っている。発達心理学者の研究用会話であれば、子どもは自分の思考構造そのものが対象化して吟味されるという事態にまったく不慣れで、混乱してしまうことが暴き出されるが、この自己対象化そのものは研究文化を離れた生活世界でも後々に課題になってくる事柄である。教師の伝達用会話であれば、子どもは大人文化の伝達を受ける者として否応なしにそれに適応しなければならない。これはすでに親子の会話に含まれていた不対等権力者間の会話の基本構造とも言えるものであり、対等権力者間のシンメトリカルな相互的会話はむしろこの後に発達してくるのである。

ピアジェであればこの不対等権力者間会話の構造はできる限り取っ払って直接対等権力者間会話構造へ導くべしと述べるだろうが、そうすることは無理であり、むしろ伝達会話を基盤として知識の蓄積・圧縮を進め、自律的判断力の出現を待って、相互的会話構造を活用できるのだ、というのが私たちの考えである。

以上を要するに、子どもは教員や研究者にはならないかもしれないが、ほぼ間違いなく大人になり、親になる。自己対象化は思春期以降、学問的な形をとらずとも大部分の若者に起こり、また、伝達は先輩や親という役割を取得するや否や、自分の方が行使せざるを得なくなる。こうしたことからすれば、私たちの蓄積・圧縮仮説＝世界の立ち上がり理論に賛同しようとしまいと、学者や教師のいわゆる「いびつな」会話文化は、子どもを一時的に戸惑わせることはあっても、後々に有用なのだと認めざるを得ない。異文化のぶつかり合いは、一時的に支配／被支配の様相を見せるにしても、それを克服しおおせたならば、有益な結果をもたらし得るのである。

第5章──支配と抵抗としての教育

1　支配としての教育

教育とは普通は子どもの教育のことである。それは形態こそ違っても、ありとあらゆる社会に存在した。古代であれ現代であれ、未開社会であれ文明社会であれ、支配階級であれ被支配階級であれ、それが社会構造を持つ限りは、その新たな世代の担い手としての子どもの教育（社会化）は不可欠だったのである。教育が大人から子どもへの働きかけと捉えられるのは、このようにそれが社会の維持、再生産を遂行するものだからである。

ある社会の維持、再生産はその社会の文化、つまり行動や思考や感情のあり方の伝達を通してなされる。これが教育である。とすれば先に述べた大人から子どもへの働きかけのほかにも様々な教育の形が考えられる。異民族の支配を本質とする帝国主義的拡大は、自分たちの子どもではなく、他民族の人間全体をして自文化の担い手に仕立て上げようとするものである。そこに宗教が掲げられることが多かったとしても、それは宗教が行動、思考、感情の典型的な民族的まとまりをなすからに過ぎない。本質的な特徴は支配を介しての自文化への他者の同化である。

この構図で広く教育というものを捉えると、一国内でも同様のものが存在することに気付く。支配階級による被支配階級の同化の試みとそれに対する抵抗の現象としての国民教育の成立過程は、主要民族による少数民族の支配としてだけでなく、主要民族内における階級闘争としても発現する。しかしこの場合は単純な支配階級の文化への被支配階級の同化ではない。この場合は、同化は部分的なものにとどまり、被支配者による「支配の承認」こそが教育の主要な中味となる。

以上に述べたのは複数の文化が存在し、それらの間の支配／被支配をめぐる闘争としての教育についてであったが、次により微妙な教育現象を取り上げねばならない。基本構造は類似しているが、被支配者側に、つまり教育を受ける側に文化と呼べるものが成立していたかどうかが曖昧な場合である。「子ども」からしてそうだが、「障害児、障害者」の場合も難しい問題がある。文化を持つとはいかなる条件を満たしていることかを明確にしなければなるまい。一般的に言って、文化を持つとは、同じカテゴリーに属する人々が「一定の規模と持続を持って」行動、思考、感情の様式を保持することであろう。そこには文化の集団的共有という含意が抜きがたく存在するようである。とすれば社会性能力、即ち模倣や協調や服従などの能力が不十分にしか備わっていない子どもやある種の障害児、障害者においては、文化が保持されているか否かは厳密に識別されねばならないことになる。

2　障害者文化について

身体障害であれ知的・精神的障害であれ、障害者は定義からして独力での自文化を保持しつつ生存するのが困難な人々である。それゆえ、障害者文化が存在するにしても、それは健常者という他者からの構造的援助を受けることによって可能になっているか、あるいは治療や学習によって障害が「飼い慣らされ」*て、障害者独力でも生活が、つまり独自文化の保持が可能になっているかのどちらかの場合に限られている。外部からの一定の援助を当てにして初めて独自文化の維持が可能になる点は、外部からの支配、攻撃を受けつつもそれに抗して独自文化を保持する少数民族文化の場合と対照的である。

身体障害者は、その障害を埋め合わせる技能を修得することによって、独自の形態の生活文化を形成するに至る。手話の能力なり、点字読解力なりが同じ障害を有する人たちの連帯の手段となり、その能力に関連する事柄を内実とする独自文化を形成、維持せしめるのである。

知的、精神的障害者の場合も基本は同じだが、その障害を埋め合わせる技能の習得が著しく困難であ

* 「飼い慣らし」は私の造語で、症状を外科的イメージで除去するのではなく、日常生活に差し障りのない程度にまで緩和し、付き合って生きていくことをさす。『「自律」の復権』参照。

る。多くの場合において、障害者たち独力での文化維持は難しく、献身的な外部からの援助者と共に、その援助構造・思想・感情をも組み込んだものとして、障害者文化を形成、維持しているケースがほとんどである。

そんなわけで、障害者文化は空間的、地理的位置から自由になれず、○○園文化とか、△△学園文化とか、××コロニー文化とかの形で、あくまで固有文化として成立しているのである。私が以前紹介した「べてるの家」も根幹においては献身的なソーシャルワーカーや精神科医*、その他のスタッフの援助活動を構造的に取り込んで初めて成立、維持されている障害者文化である。しかし同時にここでは障害者たちの側での著しい障害の改善、つまり完治は無理でも通常の生活維持が可能な程度にまでの「症状の飼い慣らし」に成功しているメンバーが多いのが特筆に値する。彼らが多数を占めるからこそ、「べてる文化」はあたかも独力で存立しているかのような姿を見せるのである。そしてこの外部援助からの一定の自立性——メンバーによる助け合い文化——こそが、べてる方式を全国に展開しようという向谷地生良氏の野心を鼓舞し続けているのである。

一つ二つべてるの独自文化を紹介しておこう。彼らが「当事者研究」と呼ぶ成果の中には他の追随を許さないユニークな文化がある。「幻聴と付き合う方法」は広くべてるに行きわたっている生活文化、治療文化である。一言で言えば、それは幻聴を敵視してその撲滅を図るのではなく、それとの友好的な共存を図る工夫の集成である。「大爆発を小爆発に分散させる方法」は、共同体の連帯を破壊してしまう攻撃性の衝動的大爆発を、葛藤レベルの対立、それゆえその都度の解決、克服が見込める小爆発に細かく分割していく手法からなる治療文化である。こうした治療文化はそれ自体が共同体文化の内実となりながら、その共同体文化の存立維持を可能にする大きな力となっているのである。

以上で述べてきたのは、障害者文化がかろうじて存続している様であった。それは障害者たちの学習行為によって血肉化され、文化として存続していくのであった。次に検討していくのは、国民教育としての障害児教育がこれまで何をやろうとしてきて、これから何をやろうとするのか、という問題である。

3 障害児教育の歴史の概観

障害児が遺棄され、自然死に任されていた時代はそんなに遠いことではないが、ここでの検討は彼らが国民教育の体制にとにもかくにも組み入れられるようになったごく近年の事情に限定する。実はこのような限定下でも目を見張るような考え方や制度の変化が認められるのである。

1 健常者文化への障害児の同化の時期

これは例えば聴覚障害や構音障害を持つ子どもに対して、手話を教えるのではなく、読唇術の習得を

＊ 多くの名を列挙すべきだが、代表的な人物としてソーシャルワーカーの向谷地生良と精神科医の川村敏明を挙げておく。

強いるといったものである。健常者の音声言語文化をあくまでも正統なものとして、それへの服従を求めたのである。支配としての同化教育と言えよう。

2　障害児を障害者文化へ同化させる時期

これは障害児を例えば盲学校や聾学校へ収容して、点字の読解や手話の訓練を課していくものである。ここには障害者文化への同化を経由しての国家への包摂という国民教育の構図が現れている。

3　ノーマライゼーションからインクルージョンへ*

ここで指摘するのはごく最近の（特に日本では）傾向である。前記2は障害者文化の尊重が認められはするものの、その習得のために障害を持つ子どもたちは地域社会（の子どもたち）から切り離されて、独自文化の習得に専念せねばならない。ここで危惧されるのは障害児が障害児・者と交流する術を身に付けていく一方で、健常児・者との交流の訓練がまったくお留守になってしまうことである。少数派であっても独自の民族文化を保持する集団がかなりの程度自給自足的に生きている例はあるが、障害者集団の場合、これに類することはほとんど不可能であり、障害児は否応なく障害者文化とマジョリティ文化の両方を身に付けて生きていくことになる。

ここに至ってインクルージョンの教育理念が生きてくる。障害児は独自のマイノリティ文化を身に付けると同時に、マジョリティとの交流の術を身に付けることをおろそかにしてはならない。そして何よりも強調しなければならないのは、このインクルージョンにおいて、少数派が多数派と交流する術を学習するだけでなく、多数派の方も少数派と交流する術を身に付けなければならないし、その教育（双方向交流学習）が行われるということである。多数派少数派共に、複数文化所有者になっていくことがめざされるのである。共生の作法の習得が必要なのはすべての社会成員であり、その予備軍である。

4　反学校の文化（『ハマータウンの野郎ども』より）

これまでの諸章では、「学校は大人文化と子ども文化の出会う場である」という前提の下に書き進めてきたが、この前提があまりに素朴で単純であることを思い知らされたのが、P・ウィリスの『ハマータウンの野郎ども』**によってである。

この教育社会学の古典は、若者文化、子ども文化が家庭を染め上げている階級文化によって浸透されていること、この階級色の濃い文化の支えによって、生徒たちが集団的自律を実現していること、そし

＊　ノーマライゼーションとインクルージョンは同じ共生の精神に立っているが、ノーマライゼーションがややもすると障害者を健常者の方に近づけていく働きかけのニュアンスを残存させがちなのに対し、インクルージョンはそうした健常者基準のニュアンスを克服した障害者・健常者対等の共生をめざす営みである。

＊＊　P・ウィリス（Paul Willis, 1950〜）『ハマータウンの野郎ども』熊沢誠・山田潤訳、ちくま学芸文庫、一九九六年。

て皮肉なことに、この反学校の文化こそが、資本制社会を根底において支え、かくして彼らの自律を限界づけてしまっていることなどを雄弁に語ってくれる。研究対象が階級社会の性格の強いイギリスのこともあって、その成果をそのまま日本に当てはめるのは無理かもしれないが、日本社会の階層間移動の容易さという明治期以来のうたい文句に疑問が出てきている今日、学ぶところの多い研究である。

ハマータウンの野郎ども、即ちイギリスの典型的な労働者家庭出身の男子中学生たちは、もちろん家庭での父母の、そして兄弟の影響の下に、学校に来る以前に相当の労働階級の文化を身に付けている。しかし、これに磨きがかかり、文字通りの対抗文化として仕上がってくるのは、中学生活を通してであり、中学校にはびこる反学校の文化に鍛えられてのことである。〈野郎ども〉といえども、個人として入学しただけではまだ対抗文化の担い手ではない。後に彼らが馬鹿にしてやまない〈耳穴っ子〉同様、既成秩序に順応的であるように見える。しかし、三年生ともなって、自分同様の出自の仲間たちと集団を作ってくると、その振る舞いの反学校文化性は鮮明になっていく。まさしく準拠集団を得て、その文化に目覚め、労働者、それも手仕事肉体労働者魂の持ち主になっていくのである。

この対抗文化が反学校文化であるのは、学校の制度的文化が中産階級文化で成り立っているからである。〈野郎ども〉の馬鹿にする〈耳穴っ子〉は学校文化の申し子である。

＊

反学校文化の中味を箇条書きにしてみよう。

1　ふざけやからかいを常套手段として心理的な安定を保つ。また、連帯を作り出す。
2　未来のためにではなく、現在を生きて楽しむ文化である。
3　男尊女卑の文化である。机仕事は女性的であるとされ、これを学習させる学校に反抗する。
4　能力主義の職業選択を正当と認めない。学校に順応することはわずかの報酬増と交換に、自由、自律を売り渡すことになる。
5　労働はみな同じであり、資本の増殖のための道具に過ぎないことを見抜いている。しかし、男性的肉体労働への思い入れが大きいため、自由ならざる境遇を「自由意志で」選ぶ。

学校の体制や教師たちに操られる「他律」を否定して、自らの自由意志で事態を判断し、妥当な行為を選択する、つまり、「自律」のための最も簡明な手段は反抗である。他なるものの支配や操作を免れていることの証は、それに対する批判であり、反抗である。もちろんそれが利己的あるいは自己中心的な恣意の現れであるならば、我執に過ぎず、内なる他への服従である。行為選択は一定程度の普遍妥当性を持たねばならない。それは集団文化が保障する。集団であるから、文字通り「一定の普遍性」に過ぎないとしても。限界無しの「普遍性」は、理想と言うより夢想に近いだろう。

集団文化、それも支配的な文化に対する対抗文化を身に付けることは、以上のような理由からして「自律」の装いに適していると言えよう。

さて、〈野郎ども〉の反学校文化が理念としての「普遍性」に程遠いことは、男尊女卑の思想と、そこからの派生物である肉体労働の崇拝と精神労働の軽蔑に最も鮮やかに現れている。この一方的な断定こそ、本物の「普遍性」を可能な限り実現しようという、革命的な社会批判の行為選択を妨げ、「自由意志」でもって自由ならざる境遇を選ぶことをなさしめてしまうものである。

学校文化が中産階級のイデオロギーである「職業の自由選択」に染まっているとして批判するのはよいとしても、そこから精神労働の蔑視を導き出すのは、そして向上心一般を軽蔑するのは、あまりにも一方的だと言わざるを得ない。おそらく主張すべきは、労働の二領域への分割の超克であり、その方法の提案であろう。

少し話を進め過ぎたようである。〈野郎ども〉の自律性に話を戻そう。

彼らは何通りかの意味で自律的に生きている。第一に、学校生活を公的制度に規定されずに、それに反抗しつつ自文化の様式で生活しているという意味で。

第二に、第一の派生物であるが、自文化の様式によって、職業選択を行っているという意味で。これは学校の職業指導に反して、である。

第三に、自文化の価値観によって手仕事肉体労働者になっていくが、「今日の労働は全て資本増殖のための手段に過ぎない」という直観を持っているため、働き過ぎをセーブする。これは資本制労働に取り込まれつつも保持している自律的自己コントロールである。

この第三の点について、私自身の経験を少し述べる。大学一回生の頃、アルバイトに肉体労働の典型である土方を何日かやったときのこと、私は本職の人たちに軽蔑されまいと、ほぼ全力でスコップを振るっていたのだが、本職の人たちに言われてしまった。「お前は馬鹿か。そんなふうに力んで働いていたら身がもたないぞ。土方の極意は全力を出している振りをすることだ」と。まさしく前述の労働者的自己管理ではないか。私自身は百姓の出身であるためか、金銭的には恵まれていないにしても、プチブル魂が身についていて、「働くことは全力を出すことだ」と思い込んでいたのである。

5　学校文化は中産階級的か

『ハマータウンの野郎ども』のメインストーリーは、「学校文化は体制的、中産階級的であり、労働階級出身の〈野郎ども〉は対抗文化を保持することで、自律的な学校生活、職業選択、職業生活をやってのける」というものであった。

ここで確認しようと考えているのは、第一に、「自律」は中産階級の価値観に過ぎないか、それとも幅広い普遍性を持ち得るか、であり、第二に、学校文化は体制的、中産階級的であることを運命づけられており、教師たちは所詮体制の番犬でしかあり得ないのか、である。

第一の問題は結構複雑な、錯綜したものである。唯物論的な決定論に立てば、資本主義体制の中で個人は物的、制度的、イデオロギー的に規定されざるを得ず、自由意志による自律などというものは中産階級独特の妄想、妄想的イデオロギーに過ぎないということになる。

興味深いのは、学校の掲げる教育目標が、自律的人間の育成であるにしても、学校文化の申し子である〈耳穴っ子〉たちがもっぱら学校の制度的、イデオロギー的方向付けに従順であり、その意味で規定されてしまっている「他律」状態に見えることだ。これに反して〈野郎ども〉は反学校の対抗文化に依拠することによって、前記のように、少なくとも三つの点で「自律」しているように見える。これはどういうことか。

この逆説は、私が『かかわりの教育学』以来、何度も検討してきた、「権威と服従と自律の関係」の問題と同型である。

権威者に服従する者は、自らの判断でこの権威者が正しいと信頼し、追従することを選んだのであるから、自律的判断と行為選択が成立しているではないか、というわけである。私は、権威者を信頼してしまった者は、いわば盲信するのであり、自律的な吟味能力を失っていると考えている。ランゲフェルト*のような人は「権威は否と言える者によって権威者に贈られるのだ」と言う。否と言える者は自律者であると考えてよかろう。私としてはこの際どい問題解決の糸口をカントの定義に求めたい。

自由な意志は自らが立法した規則のみに従って行為するのであり、その行為や意欲の対象に影響されてはならない**。

このカントの言葉の「行為や意欲の対象」に権威者が該当してしまうのではないか、ということである。

問題が複雑なのは、権威者に服従する行為と、権威者の振る舞いをモデルとして他の対象に関わっていく行為との二通りの場合が考えられるからである。前者では権威者は「行為の対象」そのものであるから、この場合は自由意志の自律的行為ではない（対象に服従させられている）。後者の場合、権威者はモデルであるから行為の対象そのものではない。しかし、「意欲の対象」だったのではなかろうか。なぜなら、行為者は「モデルのように」行為したかったのだから。行為者の行為を喚起したのは対象の魅力以上にモデルの魅力だったのではなかろうか（自分の情動に服従させられている）。こうした疑念の余地があるので、私はランゲフェルトの言に反してであるが、「否と言える相手はまだ、あるいは既に権威者ではない」と言いたいのである。

＊ M・J・ランゲフェルト（Martinus Jan Langeveld, 1905〜1989）オランダの教育学者。ドイツの伝統的教育学の担い手でもあった。『教育の人間学的考察（改訂版）』和田修二訳、未来社、二〇一三年。その他の和訳がある。

＊＊ I・カント（Immanuel Kant, 1724〜1804） ドイツ超越論哲学の大家。『純粋理性批判』『実践理性批判』『判断力批判』の著者として知られる。ここに示した文は要約であり、原文としては、例えば、「（自由な）意志は、意志の対象やその対象の表象によって直接に規定されるのではなくて、理性の規則を自分の行為の動因とするような能力である。」（『実践理性批判』波多野精一・宮本和吉・篠田英雄訳、岩波文庫、一九九九年、一三二頁）などをあげることができよう。

〈耳穴っ子〉たちは、学校文化や教師の権威に否と唱える意志はなく、盲従するのみであり、非自律状態であることは間違いない。一方の〈野郎ども〉が、対抗文化を拠り所に一定の自律能力を発揮していることは既に確認した通りである。

以上のような外観を呈している以上、学校文化が中産階級親和的であり、体制護持に寄与していることは確かなようである。だが、それは生徒たちに「自律」というプチブルイデオロギー（？）を植えつけることによってではない。実際、「自律」精神を身に付けたのは、学校体制に従順であった〈耳穴っ子〉でなく、逆に、反抗的であった〈野郎ども〉であった。このことは、ハマータウンの中学校において、明示的な学校カリキュラムに生徒の自治活動の称揚が見当たらないこととも符合している。つまり、この学校で「自律」が教育目標となっていたかどうかは極めて怪しく、結果として学校教育に逆らっていた生徒たちにこそ「自律」の成果が現れてしまったのである。

ここから言えることは、「自律」の思想が中産階級のイデオロギーだ、というのが臆断に過ぎないということである。確かにカントの自律の理念は、近代市民社会の担い手としての中産階級やブルジョワを想定してのものであっただろう。それは絶対王政の他律に甘んじることに反旗を翻したのが、ブルジョワと中産階級を先頭とした市民層だったことの反映に過ぎない。この歴史的事実は、後の時代において、自律の理念が労働階級を含めた広い妥当性を獲得していくことを妨げるものではなかったのである。

この証の一端は、二〇世紀後半に一時的にせよユーゴスラビアとフランスで開花した労働者と学生の自主管理運動*に認められよう。それは紛れもなく、政治的自律、そして経済的自律を実現する試みだったのである。

* Autogestion と呼ばれる政治的・経済的自治運動。A・メイステル『自主管理の理念と現実』川崎嘉元・小池晴子訳、新曜社、一九七九年。Ch・ピアジェ『リップはどう闘ったか』海原峻訳、拓植書房、一九七五年。

第6章——葛藤と進歩の理論

1　異文化交流と認知葛藤

本田和子の言う「ばらばら」、「相互挑発」とクレオール文化研究の言う「揺らぎや騒音をはらんだままの自己（文化）」は共に他者、他文化との出会いが相互刺激に満ちたものであると同時に、各文化、各人格の統合性を危うくするものであることを指摘している。この危機意識を持って、かつて私が『かかわりの教育学』*第三章で論じた認知葛藤なるものを再吟味してみよう。

認知葛藤を簡明に定義すると「自分と異なる信念や感じ方、考え方と出会ったときに生じる自分のそ

---

* 岡田敬司『かかわりの教育学』ミネルヴァ書房、一九九三年。

れらの自明性のぐらつき」ということになる。これは他者の個人文化が自分のものと異質な場合に生じる葛藤であり、異文化交流の個人版で体験される主観の枠組みの揺さぶりと再編である。もちろん、集団的な異文化交流で生じる集団現象としての認知葛藤についても語れるであろうが、研究の蓄積されているのは個人現象としての認知葛藤である。

認知葛藤研究では、葛藤からくる揺らぎを経て知的枠組みが「再編」されることがテーマである。つまり本田の研究やクレオール研究が、葛藤含みの異文化交流がもたらす「解体」とまではいかずとも「亀裂」を生じさせる側面に注目していたのに対して、それに続く「修復」に含まれる発達的変化に注目するのがこれまでの認知葛藤研究だったのである。しかし一般論で言うならば、このプラス方向の修復は保障されたものではない。個人現象で見れば、ある種の病理的退行と見なされる「ばらばら」状態も生じる。集団文化の場合であれば、こうした「ばらばら」状態も多様性に富んだ社会などといった把握がなされることによって、「画一的」、「全体主義的」社会の反対方向のベクトルとして肯定的に評価されることも多い。実際、昨今の異文化交流研究の成果と目される主張には、この方向のものが多く見られる。

一方の個人現象としての認知葛藤研究では、「ばらばら」現象はあくまでも例外的な病理的事例とされ、これを避ける研究がなされる（例えば「感情葛藤」の研究）。認知葛藤研究は「発達」研究であり、知的発達を問う限りは、認知構造の統合性の存在が大前提になるのである。（分散型思考は収斂型思考の逆向きの知的構造、構造解体型思考であるように見えるが、これについては後で検討を加えることにする。）今のところ、知的機能は全体構造の一定の統合性がなければ機能不全に陥るという認識で論を進める。実際数多くの研究で、認知葛藤が「ぐらつき」を乗り越えて、より高度の統合段階に再編されていく様が報告されている。これが発達の常態と見なされているようである。

この個人現象と集団現象における文化統合性のズレはなんら矛盾をきたしていない。と言うのも、個人の人格の知的、あるいは情意的統合性が保たれていてこそ、個性ある諸個人が各人各様の文化を発揮し、集団の画一的文化、全体主義的文化を崩すことができるのであるから。

1　典型的認知葛藤

コールバーグ*は、生徒のクラス討論を通じての道徳性発達を達成すべく、認知葛藤を意図的に活用したことで知られている。この場合に用いられた認知葛藤惹起型のクラス討論は「モラルジレンマの討論」である。一例をあげる。

事故で大出血し、死にかけている息子の父親に関する話である。彼は救急車を呼ぶより近くで車をつかまえる方が早いと考えた。幸い近くで一台の車を見つけたので、持ち主に病院まで連れて行っ

＊　L・コールバーグ（Lawrence Kohlberg, 1927～1987）『道徳性の形成』永野重史訳、新曜社、一九八七年、『道徳性の発達と道徳教育』岩佐信道訳、広池学園出版部、一九八七年。

てくれるように頼んだが、彼は仕事で人と会う時間が決まっていて、その余裕はないと断った。彼は知人でもなんでもなかった。父親は意を決して車の持ち主を殴り倒し、その車で息子を病院へ運んだ。

ブラット「何が問題なんだろう。この男がジョーンズ氏とマイクを病院へ運ぶのを断ったのは法的に間違っていたんだろうか。」
生徒A「それは彼の車だよ。彼は運ぶ必要はないよ。」
ブラット「しかしマイクはケガをしている。君はその必要がない、彼は法的に責任がないと言った。でもどうして。」
生徒A「彼の車だからだよ。」
ブラット「彼の車だ。彼の所有物だ。だから彼は所有権を持っている。だから彼は法的に……。」
生徒B「でも今は命が危ないんだよ。」
ブラット「そう。話はそう簡単じゃないみたいだね。一方には所有権がかかっているし、もう一方には命がかかっているようだ。とすればここは命、マイクの命とその男の車のいずれを取るかという葛藤がある。」
生徒B「しかし、もしマイクが死んだらその男は殺人罪で罰せられるかもしれない。なぜならみんなも知っているように……。」

生徒C「いや、そんなことはあり得ない。」
（議論が、殺人罪になり得るか否かになっている。）
ブラット「でも人は、この男がジョーンズ氏に車を貸すのを断る権利、法的権利があると思うだろうか。」
生徒D「その男には子どもがあるんだよ。彼は家族を養わなくてはならない。彼には家族があるんだ。だからこそ貸せなかったんだ。」
生徒E「そうかな。仕事はいつでも見つけられるよ。」（以下略）

このブラットのクラスにおける討論*が生徒対生徒そして時には教師対生徒の異なる思考の（見解の）ぶつかり合いの様相を呈していることは明白だが、いかなる種類の葛藤であるかは緻密に分析しなければならない。それによっていかなる確度で道徳性判断様式の上昇が見込めるかがわかるからである。これは前記のようなブラットの実験単独で解明できるものではなく、『かかわりの教育学』第三章全体にわたって紹介している様々な種類の認知葛藤の比較によって見えてくるものである。

個人文化の一端である個人特有の思考様式は、道徳性判断に関する限り、まったくの個々人固有のも

＊ M.M.Blatt & L.Kohlberg, 'The Effects of Classroom Moral Discussion upon Children's Level of Moral Judgment', *Journal of Moral Education*, 1975, vol.4, no.2 pp.129-161.

のではなく、コールバーグの提示するような序列をなす6類型のいずれかとされる。この6段階を次に略記する。

第1段階　罰や「悪い」とレッテルを貼られた行為を避けることが、正しい行為とされる。
第2段階　素朴な快楽主義。自分の、時には他者の欲求を満たす行為が正しい行為である。自他の相対性の自覚と平等主義。
第3段階　「良い子」志向。他者を喜ばせ、賞賛されることが正しい行為である。行為者の意図の重視。自然な役割行動への適合。
第4段階　権威と社会秩序への志向。集合的他者の期待にそうことが正しい行為である。
第5段階　契約や合意による立法を重視する。他者の意思や権利を尊重し、大多数の福祉の侵害を避けることが正しい行為である。
第6段階　普遍的道徳原理志向。実定法だけでなく、論理的普遍性や首尾一貫性を含む原理を求める。人格の普遍的尊重と正義を追究するのが正しい行為である。

以上のような6類型の判断様式の差異は定性的に識別されるというのだが、極めて微妙なものである。それは思考の中味の違いではなく様式（構造）の違いだというのだが、思考内容が外延として、あるいは内包として把握可能なのに対して、これと区別される思考様式の方は何とも特定し難い。略記したような文言から推察するならば、「善悪、正邪を識別する際に用いられる基準が何であるか」ということになるであろうか。第1段階と第2段階では「快苦」、第3段階と第4段階では「他者（社会）の期待」、第5段階と第6段階では「手続きの合意」や「普遍的原理、例えば人格尊重」といったふうに特定できそうである。この3種あるいは6種の基準は抽象度の水準が異なるため、横並びにして区別できるわけではない。それぞれが相互排除関係にあるわけではない。排除と包含が組み合わさって複雑に見えるが、それでも何とか識別可能である。

コールバーグに依れば、これらの異文化は単に相互に異質であるだけでなく、明確な序列をなしている。高位段階になるほど「優秀な」文化であり、そのことは低位段階では解決不可能であったモラルジレンマが、高位段階になると解けることでわかると言う。例えば、第1段階の幼児は自分が苦を避け、快を求めるのが「よいこと」だと信じて、パンを独り占めにし、ブランコを独り占めにするが、第2段階に至れば、自他の相互性に目覚めて平等感覚が出現するから、パンは半分ずつ分けブランコは交代で乗ることができるようになる。つまり第1段階では解けなかった対立が、第2段階では解決を見たのである。

このように抽象度を高めると普遍性の度合いも高まることから、コールバーグの異文化の序列化は説得力を持つのだが、これについてはギリガンの反論*が有名である。ギリガンは、第3段階の具体的な他者を喜ばせようという志向と第4段階の抽象化され集合化された他者への協調志向との本質的な異質性を強調する。抽象度や普遍性の度合いの違い、言ってみれば程度の違いに還元できない違いがあると言うのである。

彼女に依れば、両者が序列関係におかれるのがそもそもおかしいのである。前者が具体的なケア（配慮）の道徳であるのに対し、後者は抽象的な正義（正邪の決定）の道徳である。女性原理と男性原理の違いとも言われ、対等どころか女性原理のケアの道徳こそが本来的な道徳だと言われるのである。

確かに、他者に暖かい配慮をする問題解決法と、ことの正邪、行為の正邪を決定する問題解決法とではまったくと言っていいほど性格が異なる。しかも両者共に問題を解消するのである。前者は対立葛藤を事前的に解消し（予防し）、後者は事後的に解消する（裁きをつける）と言えるかもしれない。対立が悪しきものであるなら、正邪を鮮明に識別するよりは、対立そのものを予防的に解消してしまうに若くはないのである。知的解決に対する情的解決の優位である。

以上のようなギリガンの異文化の序列化に対する批判は、先に見てきたレヴィ＝ストロースや山下の見解と一脈通じるところがあり、注目に値する。（とは言えギリガンは発達的序列を完全に放棄したわけではない。異文化の序列化には反対しても、同じケアの道徳の文化の中では三段階の序列化を行っている。）

私としては認知葛藤の元来の価値が、異文化（異なった思考様式）の出会いの相互刺激作用にあったことからして、ギリガンの主張の正当性を認めながらも、コールバーグ派の研究をもう少し追ってみたい。

先に示したブラットのクラス討論の研究では、生徒および教師の文化（思考様式）は認知葛藤状況においては互いに異文化として出会い、ぶつかっている。興味深いことに、互いに異文化であることだけでは相手に対して十分な刺激を与え、そうして発達方向（上位）に向けての文化の解体・再編を促すことにはならない。ブラットの仮説では、1段階上の思考様式のみが有効な刺激となる。そしてその出会いはモラルジレンマを意識させるものでなければならない。この仮説の通りだとすると、出会いにおける下位者の側のみに発達的変容の可能性があることになり、しかも上位者との文化異質性は最小単位（直近上位）のものでなければならない。

確かに異質性が大き過ぎれば、いかなる点で、あるいはいかなる意味で異質なのかさえ感知できないかもしれない。そうすれば葛藤も経験せずにすんでしまう。もちろん退行もなければ発達もないのである。

ブラットの研究はコールバーグ派道徳発達論の偉大な橋頭堡であったが、異文化性の規定の仕方にいささか偏りがあった。一つは思考様式（判断基準の取り方）のみを異文化性の指標とし、思考内容の違いは無視したことである。後にウォーカーの研究＊＊が明らかにすることになるが、認知葛藤は思考様式の近接した相違の場合にも、同じ段階の思考様式だが、思考内容に明確な違いがある場合にも起こる

＊　C・ギリガン（Carol Gilligan）『もうひとつの声——男女の道徳観のちがいと女性のアイデンティティ』生田久美子・並木美智子訳、川島書房、一九八六年。

＊＊　L. J. Walker, Sources of cognitive conflict for stage transition in moral development, *Developmental Psychology*, 1983, vol.19 no.1, pp.103-110.

のである。普通、異文化であることは、思考様式も思考内容も、両者を込みで判断されるからウォーカーの指摘は当然とも言えるものである。認知葛藤が、相手が自分の結論に賛成か反対かだけでも起こることを見ても、内容が無視できないことは明らかである。

異文化交流の視点から認知葛藤を検討しているのだから、刺激や影響の相互性の問題を無視してすますわけにはいかない。異文化交流は原則的に双方に変容をもたらすはずであるから、コールバーグ派の道徳性発達研究において、何ゆえ変容が低位者文化の側に限定されたのかを明らかにしなければならない。コールバーグは基本的にピアジェの構造変換による知能段階の不可逆的発達説を支持しており、道徳性判断も知能発達によって発達していくとする。両者は平行して変容する。では何ゆえに変容が下位者の側に限られるのか。それは知能構造が入れ子式に高度化していき、低位の知能構造は上位の知能構造に部分として取り込まれてしまうからである。取り込まれてしまった結果として、上位者には下位者の考えることが（かつての自分の考えのように）手に取るように分かってしまう。分かり切った考え方は、何の刺激にもならないというわけである。

ピアジェの有名な「液体量保存法則」の観念の有無による認知葛藤実験では、下位者の側だけに変容が起こる、つまり保存観念を獲得するのではあるが、例外的に上位者の側にも強い刺激効果がある。上位者はかつての自分が保存観念を持っていなかったことを忘れ去っており、保存観念のない子どもたちの言うことがわからないのである。しかしこの異文化刺激効果による変容が測定されることはなかった。と言うのも、保存観念の有無による二分法の尺度では、上位者に更なる発達的変化が起きたとしても検出しようがないからである。

多くの場合、異文化交流が引き起こす文化変容は、文化内容（思考内容）の双方向伝播*であることからすれば、文化構造（思考構造）の変化に着目したコールバーグ派の研究は特記する価値があるが、それでも、先にウォーカーの研究の紹介で述べた通り、異文化交流の刺激作用は、内容の相違によるものが無視できないのである。

2　分散型思考と創造性

文化を習得することは、環境に存在する思考様式がいかなる型のものであろうとも原則的に可能である。しかしそれが初発の文化習得ではなく、二次的な異文化との出会いで惹起される文化変容であるときは、少し事情が違う。この場合も理論的には様々な思考様式が学ばれ得るが、特筆すべきは分散型思考である。それは相手が分散的思考である場合は無論のこと、それ以外の思考様式である場合でも、「異文化」でありさえすれば、分散型思考が惹起されやすいのである。なぜか。

＊　ジュネーブ学派のペレ＝クレルモン（A.-N.Perret-Clermont）の実験の概要が拙著『かかわりの教育学』一三四頁〜一三八頁にある。彼女は巧妙な実験場面の設定で、進歩が交渉当事者の上下双方、とりわけそれまで検出不可能とされていた上位者の方に認められることを明らかにした。

一般的に影響は多数派から少数派へ、強者から弱者へという方向で及ぼされると考えられている。ところがモスコヴィッシの唱導する「少数派影響の研究」では、実に興味深い現象が発見されている。一九八三年のネメスとワクトラー*の研究では、堅固な少数派は多数派の顕在的な考えを自分たちの方になびかせることはできないが、彼らをして自らの視座を問い直し、かくして現実の他の様相に気付かせ、別の解決（少数派が提示したものでも、以前の多数派のものでもない新たな解決）を見つけ出させるに至るのである。これは既存の思考法以外のところに解決を見出そうとする創造的思考様式の発見であり、先行する思考モデルから逸れていこうとする、紛れもない分散型思考様式の一つであろう。

私たちは、分散型思考というと、あたかも躁状態に見られる観念奔逸のような現象を考えがちだが、これは文字通りバラバラであり、思考というよりは思考解体の意識状態である。意識内容（観念）がバラバラに遊動するのではなく、多様な結節点をもって多様な形で諸観念が結合すること、多形的であること、多様な状態に適合すること、これこそが創造的な分散のあり方であろう。

3　異文化交流と感情葛藤

コールバーグ派の道徳性発達研究の中でも、ウォーカーの研究は注目に値する。なぜならば、認知葛藤を引き起こす重要な要因に「認知構造レベルは同等でも結論が異なること」があることを明らかにしたからである。つまり意見対立がありさえすれば認知葛藤が起こるということであり、意見対立が知的葛藤よりは感情葛藤を惹起しやすいことを考えれば、この二種の葛藤は言われているほど明確に区別できるものではないと予想される。

感情葛藤は認知葛藤を疎外すると一般には考えられている。日常生活における感情葛藤の事例として少し非常識な、どこかエスノメソドロジー**の実験かと思わせる次のような会話を考えてみよう。

A「Bさん、お早う。今日はいい天気ですね。」
B「Aさん、ちょっと待ってよ。今日はいい天気だってどういうこと？　こんなに雲が出ているのに。」
A「どういうことって……。どういう意味？」
B「はぐらかさずにちゃんと返答しなさいよ。いい天気だってどういうこと？」
A「はぐらかしてなんかいないよ。挨拶しているのに変な答ばっかり。どうかしてるんじゃない？」
B「どうかしてるってどういう意味なの？」

＊　C.Nemeth et J.Wachtler, 'Creative problem solving as a result of majority vs minority influence', *European Journal of Social Psychology*, 1983, vol.13, no.1, pp.45-55.

＊＊　エスノメソドロジーとは、人々の（日常生活の）方法の学といった意味で、ほとんど自動的、無意識的に遂行されている人々の日常の相互行為を、あたかも顕微鏡で見るように拡大してみせる実験を多用したことで知られる。ex.串田秀也・好井裕明編『エスノメソドロジーを学ぶ人のために』世界思想社、二〇一〇年。

A「……」

ここでのBさんの物言いは、どう考えても妙である。けんかを売っているように聞こえる。どうしてか。

天候を語りながらことばを交わすのは、天候を分析しようとしているのではなく、挨拶という慣習行為だというのが要点である。Aさんはこの視点で話をしているのに、Bさんが「慣習を無視して」、天候分析まがいの話に持ち込もうとしているのである。

慣習的会話、特に挨拶などは、会話の両当事者が互いに敵意を持っていないことを示し合う、これが最大の機能である。裏返して言えば、話題として用いられた事柄はどうでもよいのである。

Bさんはこの暗黙知を持ち合わせていない。あるいはエスノメソドロジストのように、知っていながらあえてこれを無視した言動をとっている。両者の間に感情葛藤が起こるのは当然のことである。

この場合、感情葛藤はウォーカーの実験のように意見の相違、対立から生じたのではない。バーコヴィッツの言うところの「トランスアクション的発言」、さらに言うならば「操作的トランスアクション」の発言から生じたのである。トランスアクションは会話内容に対するコメントではなく、会話の仕方（応答の仕方）に対するコメントである。更に操作的トランスアクションになると「会話の仕方に対する批判的コメント」が主になる。

認知葛藤研究の観点からすると、この「操作的トランスアクション」の発言は両義的である。バーコヴィッツの測定に見られるように、顕著な段階上昇を引き起こす知的刺激作用となることもあれば、感情葛藤を引き起こして知的には単なる混乱に終わる場合もある。いずれになるかはこの発言を受けた人（Aさん）が葛藤によるエネルギーを「攻撃者に対する攻撃」の発言を発してやり返すことに向けるか、逆に相手の批判の一端に正当性を認識して、感情的反発を乗り越えて反省に転じ、自己吟味を始めることに向けるかにかかっている。

バーコヴィッツの実験で、操作的トランスアクションが混乱に終わらず、知的刺激となり、受け手のそれまでの認知構造の自明性に亀裂を入れるに至ったのは、実験という仮想状況の中での批判的発言なので、受け手の側のダメージがさほど深刻にならず、（自文化の存立そのものには、脅威を与えず）かえって適度な（自明性に亀裂を入れて、更に高度な知的構造への再編を促すような）刺激となり得たということであろう。

このことからすれば、理論的に想定される二分法、つまり認知葛藤はプラス方向の刺激で、感情葛藤はマイナス方向の刺激になるという考えには、さほどの根拠がなかったことになる。

異文化交流はややもすると支配／被支配の関係を生じさせ、そこにいたる過程においても、結果状態においても、葛藤・対立含みであることが多い。大人／子どもの異文化関係であろうと、異民族間の異文化関係であろうと、このことは言えるのであり、異文化交流が一方的な教化・学習に終始することは稀である。例外的なのは、例えば日本の幕末から明治にかけての西洋文明との出会いである。ここで西洋文化を一方的に吸収することに徹し得たのは、鎖国政策や富国強兵政策あるいは島国であるという地理的条件などのおかげで、かなりの程度自己文化（自国文化）の存続が確保できるという状況があったからである。バーコヴィッツの実験で、操作的トランスアクションが受け手の文化的アイデンティティに壊滅的打撃を与えずにすみ、逆に進化発展の機会となったことと、よく似ていると言えよう。

要するに、葛藤刺激が、自己破壊の脅威でなければ、プラス方向の刺激たり得るのである。モデリング学習*の意味においても、認識葛藤による構造再編の意味においても。

* モデリング学習はA・バンデュラ（Albert Bandura, 1925〜）が模倣のメカニズムを精密化して提示した概念。ex.『人間行動の形成と自己制御――新しい社会的学習理論』原野広太郎・福島脩美訳、金子書房、一九八〇年。

第7章 —— 異文化の平和共存について

1　共生とはいかなることか

私たちの基本的立ち位置は、異文化交流を無前提にではなく、非支配、非抑圧の形において肯定することであった。ここから出発すると、共生とは、

1　相手の文化を尊重する。
2　尊重しつつ相互作用を否定しない。
3　でき得れば、この相互作用から新たに共通の文化を創出する。
4　この新たな文化は先在する個別文化を駆逐して全構成員を画一化するのではなく、差異を尊重し

つつ相互理解をめざす交流を称揚することになる。

このようなものとして教育を考えるとき、いわゆる教育的価値、つまり知的、運動的、道徳的な行為能力の増大など所詮二次的なもの、一次的な共生という価値実現に寄与する限りにおいて価値を持つに過ぎないものになってくる。

これはラディカルな価値転倒ではあるが、今日の資本主義経済体制のグローバル化の様相の下では、差し迫った教育課題である。放任状態の下、グローバル経済体制は文化的価値の一元化へ向かって、先在する諸文化を急速に駆逐しつつあるからである。

もちろん異文化理解はたやすいことではない。それは他者理解の場合と同様である。だからと言って、他者や異文化の理解が不可能であると短絡的に決めつけないことが重要である。相互理解が不全な状態にとどまるのはいわば宿命であるから、この不全に対する耐性を養うこと、寛容の精神を培うこと、そしてそれでもなおかつ相互理解の進展を追究する粘り強さを鍛えること、これらが共生の教育の基礎課題となるであろう。

2　相手の文化を尊重することの限界

ここで言おうとしているのは、例えば相手が自文化の優越を当然視して（なんと多いことか）、こちらの文化を含めた他文化を従属すべきもの、教化して同化すべきものと見なしてかかわってくる場合のことである。これをも尊重してしまうと、そもそも目的たる異文化共存が脅かされてしまうではないか、ということである。

徹底した民主政体が専制主義者を排除し得ないのと同じように、徹底した共存主義は自文化中心主義者を排除し得ない。他文化尊重の原則を修正して、許容範囲を限定してしまう方法をとれば、その「共存主義」は安泰だが、果たしてそれが本物の共存主義なのかどうかが怪しくなってくるだろう。このジレンマをどうするか。

歴史上、完璧な異文化共存体制は存在したことがなく、うまくいったとしても、ある超越的文化の下での多文化併存（帝国主義体制）に過ぎなかったことを見ても、この問題の難しさがわかる。

民族国家間の問題として考えるならば、覇権をふるう民族や国家の存在しない、平等主義的な国際連合のような形が一つの理想となろう。諸個人間の問題として考えるならば、各人の人格が抽象的にではなく、具体的な文化特性を持ったものとして尊重される、平等で対等な人間関係のネットワークが理想となろう。

この論を個人の人格内のもろもろの主体的契機の間の、あるいは諸審級の間の、あるいは諸欲動の間の対等的関係にまで持ち込めるだろうか。理性が様々な欲動、衝動を統制し、コントロールするというのは、近代の理性主義の人格像であるが、これに対しフロイトの三つの審級間のせめぎ合いとしての人格像*や、ドゥルーズとガタリの、諸衝動が階層関係抜きに動き回る人格像**などの脱近代主義的なものが提起されている。フロイトではまだ諸欲動を統《す》べるのではなくとも、それらの間に立って力関係を読み、場合によってはそれらを調停・調整し、あるいはそれらの間の抜け道を探る知者としての自我が働いている。しかしドゥルーズとガタリでは、自我は諸欲動へと分割・分裂してしまっていて、いかなる意味でも優越的な地位を持たない。自我が存在すると言えるかどうかも定かでない。

第3章で参照したクレオール研究の視点での併存と共存の区別と対応させるとすれば、伝統的理性主義だけでなくフロイトの場合も「併存」、ドゥルーズとガタリの場合のみが文字通りの「共存」に該当する。ただし、この場合は、人格の統一性あるいは統合性ということは語りにくくなる。それでもなおかつ人格という用語を用いることに意味があるのかどうか。俗に多重人格ということがもてはやされる傾向にあるが、これがなおかつ「人格」であるのは、多重状態があくまで常態としての統合人格からの逸脱として捉えられている限りにおいてであることに留意せねばならない。

私たちの立場は矛盾を含んでいるかもしれない。と言うのも、個人内問題としては一種の人格的統合を要求し、個人間あるいは民族・国家間においては統合なしの平和共存を理想とするからである。人格の統合を保ち、これを内外から危うくする力を極力排除する。これが私たちの理想である。人格主義である。

内部的には自我の人格統合力を一定の範囲で認めたのであるが、これが諸衝動や欲動に対するあからさまな抑圧力でないことを強調せねばならない。古典的な理性主義の場合は、どうしても理性の専制をよしとすることになってしまうが、私たちのフロイト解釈では、自我は諸欲動や超自我をも従えてしまう強大な力を持つのではなく、逆にそれらにエネルギー的強大さにおいて圧倒されている。それにもかかわらず自我が人格の統合に力を発揮するのは、抑圧によってではなく、調整・調停によるからである。力ではなく知に頼るからである。確かに優れた知力を認める点で、この立場は厳密には「共存」ではなく「併存」の一種なのかも知れない。エネルギー的抑圧でなくとも情報的制御がなされているのだから。ちなみに、私たちの自律主義はこの意味での知的判断力を重視するものである。

人間関係あるいは民族・国家関係において、問いを同じ形で立てるとどうなるか。エネルギー的な、他者あるいは他民族・国家を抑圧する覇権は存在しないが、情報的、知的に他を制御する何かが存在する場合である。この何かが諸民族・国家のうちの一つということになると、優越者の下におけるもろもろの他者の併存という図になってしまう。それゆえどれか一つの民族・国家、どれかひとつの人格が、知的、理性的な存在として、その他の非知性的、非理性的民族・国家、非理知的人格と併存しているのではまずい。

ではどういう条件下で、併存でなく共存であり得るか。すべての人格存在、すべての民族・国家が同

＊　S・フロイト、超自我・自我・エスの三層構造の人格像をさしている。ex.『フロイト全集（18）』岩波書店、二〇〇七年、所収「自我とエス」。

＊＊　G・ドゥルーズ（Gilles Deleuze）とF・ガタリ（Férix Guattari, 1930～1992）が『アンチ・オイデプス』市倉宏祐訳、一九八六年、及び『千のプラトー』宇野邦一・小沢秋広・田中敏彦・豊崎光一・宮林寛・守中高明訳、一九九四年で提示した考え。ともに河出書房新社。

時にではなくとも順次、理知的存在となる可能性を持ち、かつ互いにその可能性の実現を妨害しない、というのがその条件であろう。このときそれぞれの人格、それぞれの民族・国家は、全体の平和共存にのみ意を用いる抽象的理知存在、あのルソーが夢想した一般意志*(La volonté générale)の如き存在に同一化し、主観的次元のみならず客観的次元においても理知的になっていくのである。このプロセスを異文化交流における個人の、あるいは集団の発展として、つまりは教育・学習としてイメージするのもあながち的外れなことではない。権威者としての教師に導かれて生徒たちが教化され、開化していくというのではなく、教師を含めて生徒たちが相互に刺激し合い、情報を交換し合う中で開化していく、という図である

3　異文化交流とかかわりの形

これまでの様々な異文化交流論の参照、検討によれば、圧倒的に多数を占めるのが、異質なものとの出会いがもたらす揺らぎ、亀裂、発展的再編などに着目したものであった。異文化交流がテーマなのだから当然とも言えるが、中にはそれらとは趣を異にするかかわり方もある。

私は旧著『かかわりの教育学』で、教師や親と子ども、そして子供同士のかかわりの類型化を試み、四つの類型を提示した。権力的かかわり、権威的かかわり、認知葛藤的かかわり、受容・呼応的かかわりである。権力的かかわりはアメとムチによる方向づけのことである。権威的かかわりは両当事者の間

に信頼感があり、これに基づいて導きがなされることである。認知葛藤的かかわりについては、先に詳述した。受容的・呼応的かかわりは、一言で言うならば、相手（子ども、患者）を支えるかかわりであり、ロジャーズのカウンセリング理論**やブーバーの我－汝関係論***を参考にモデル化したものである。

権力的かかわりは、異文化交流のうち、支配／被支配が目立った帝国主義型に顕著であるし、権威的かかわりは一定の独立性維持が見込めるため、被支配ではなく積極的追従型学習が起こった近世末から近代初頭の日本－西洋関係に典型的に認められた。認知葛藤的かかわりは異文化交流に幅広く認められるものであり、既に詳述した。残るは受容的・呼応的かかわりである。

異文化交流において、受容的・呼応的かかわりに類するものに何があるだろうか。武力支配を伴わない形でのキリスト教の布教活動などが先ず思いつく。それが原則的に博愛主義だからである。宣教師たちは無償の愛で信者候補を支え、救おうとする。その限りでは受容的・呼応的かかわりである。

＊　J＝J・ルソー（Jean-Jacques Rousseau, 1712～1778）の示した概念。人々の個別意志の和算的合計である全体意志と違って、一般意志は内部矛盾の生じ得ない理念的存在であり、悪くすれば全体主義的絶対意志となる。ex.『社会契約論』。

＊＊　C・ロジャーズ（Carl Rogers, 1902～1987）『人間関係論』畠瀬稔訳、岩崎学術出版社、一九六九年、『エンカウンター・グループ』畠瀬稔・畠瀬直子訳、創元社、一九八二年。

＊＊＊　M・ブーバー（Martin Buber, 1878～1965）『我と汝』植田重雄訳、岩波文庫、一九七九年。

しかし、いくつかの疑問点も浮かぶ。先ずそれが教化のための活動であり、いかに柔らかなやり方をとったとしても、「神の教えに従え」という命令であることに違いはない。ロジャーズ主義の非指示の原則とは好対照をなしている。ロジャーズ主義にしても、本音はクライアントたちが従来の考え方や生き方を保持し続けることよりも、彼らも非指示的な考え方、生き方に転じてほしいということであろう。しかしそれを明示的に要求することはない。ましてや強要することはない。

一つきわどい点があるとすれば、明示的に要求することはないが、「場の雰囲気」によって暗に要求していることである。このことはエンカウンター・グループのような場ではっきりしてくる。グループの友好的雰囲気がある程度かもし出されると、それを察知したメンバーが、その雰囲気にそぐわない言動をしている他のメンバーに対して明示的に、さらには批判的口調でとがめることがままあるのである。非指示の原則からは逸脱しているが、エンカウンター・グループの場合は「自由」の原則の方が優先されているのである。この点でロジャーズ主義と言えども、穏やかにではあるが、教化作用を伴っていることは否定できない。

より受容的・呼応的かかわりの純粋形に近いのがボランティア活動ではなかろうか。進学のときの内申書の点数になるからとか、選挙に出たときに有利だからとかいった下心に動機づけられているものは除外して、被災者たちの惨状を見聞きしていたたまれず、何か力になろうとはせ参じる場合を考えよう。

ボランティアが被災者に上から目線で指示するということはほとんどない。ボランティアは被災者の手足となることを願い、その指示を仰ぐ。物理的な下支えに徹しながら、結果的には精神的な支えになる。受容的・呼応的かかわりの純粋形と見なしたゆえんである。

問題は、これが異文化交流であるかどうかである。文化を人々の生活様式、行為様式、そして思考様式だと定義すれば、被災地の人々とボランティアを志願する人々の生活様式は、その余裕において大きな違いがあるが、異文化とまで言えるかどうか。異質と見なし得るかどうか。例えばアフガニスタンやパレスチナの戦争被災者を助けるべく、ボランティアとして現地に赴く場合、彼らがどれだけ現地文化を学習して行ったとしても、彼我の文化差は生活様式や言動様式の細部に至るまで歴然としているだろう。これはむしろ民族的な文化差であろう。この場合、ボランティアたちがどれだけ善意に満ちていようと、生活習慣上の違いから生じる摩擦、軋轢、そして葛藤はゼロにはできまい。異文化交流につきものの葛藤がここでも出現する。

東北の被災者を助けるボランティアの場合、こうした種類の文化差はない。無論、葛藤はゼロではないだろう。だがそれは文化差に原因を求めるよりは、より根源的な人間の思いの個別性あるいは自閉性が克服しきれないことに原因を求めるべきであるように思える。つまり、異文化であろうが同文化であろうが、自他がかかわる限りゼロにはし切れない食い違いの問題である。

4　異文化交流と共同体

個人文化についていろいろ述べてきたが、元来文化は共同体文化として、人々の共有物として語られるものである。個人文化というのは、あくまでも比喩的表現である。

文化とは共同体の人々に共有された生活様式、行為様式、そして思考様式である。このように定義したとき、異文化交流は何をもたらすだろうか。先述したことと重なるが、出会う両共同体の相対的特徴によっていくつかの場面分けが必要である。

1　力関係（軍事的、人口的、経済的……）において圧倒的な差があり、弱小共同体の方が消滅の危機にさらされている場合。
2　力関係が対等に近い場合。
3　力関係は不対等だが何らかの条件、例えば島国であるなど地理的条件のおかげで、弱小共同体の側でそれほどの脅威を感じない場合。
4　強者の側が弱者の側の支配を企てず、友好的交流の確保に徹しているため、弱者の側が脅威を感じない場合。

1は権力的かかわりや帝国主義的支配の関係として論じた。2は認知葛藤的かかわりとして論じた。3は認知葛藤的かかわりも起こりうるが、むしろ近世近代初頭の日本の対西洋関係のように、権威的かかわり、逆方向から言えば信頼による主体的学習が起こることを論じた。4は今、論じたばかりの受容的・呼応的かかわりとして論じたところに近い。

このように見てくると、共同体の異文化交流のあり方と個人の異文化交流のあり方は、ほぼ全面的にアナロジーが効くようである。共同体集団は複数主体からなるので、個人の場合に見られない集団内部の意見の対立や葛藤があるという指摘に対しては、ドゥルーズ－ガタリやバフーチン＊にならって、個人と言えども内面は一枚岩の統合からは程遠く、亀裂に満ちており、多声的である、と述べておこう。

5　異文化交流と自律

既に述べたように、異文化交流がいかなる葛藤や亀裂をそれぞれの文化にもたらそうとも、バラバラなものが出会うのではなく、まとまったもの同士が出会うのであるから、各文化が文化と呼ばれる限りは一定の統合性がある。個人文化であれば、個人の自己コントロール能力としての自律能力が、集団文化であれば集団の自己コントロール能力としての自律能力が問われることになろう。ここで述べるのは各文化の統合性の質についてである。

次に交流そのものの質を問わなければならない。それによって、異文化交流が豊かなものになるか干からびたものになるかが決まるからである。これについては個人間交流の分類枠を流用・活用すること

＊　M・バフーチン（Mikhail M. Bakhtin, 1895〜1975）『ドストエフスキーの詩学』望月哲男・鈴木淳一訳、ちくま学芸文庫、一九九五年。

にする。

さて、統合性を保つものとして自律能力が必要だと述べたのだが、自律とはことに当たってその意味をつかんで自ら判断して対処行為を決すること、と定義できるとすれば、自己文化の統合性とは、単に自己保存を図って自己文化に自閉することではない。個人あるいは集団は、自己の生活、行為、思考の様式を他なる様式との出会いにおいて、変容の可能性にさらしながら対処行為を決定しなければならない。一方で自己同一性を保ちつつ、他方で自己変容の可能性に己を開かなければならない。もしこのジレンマを克服できるものがあるとすれば、それは言わば「動的自律性」であろう（カンギレムの健康の定義を想起せよ）。

「静的自律性」が安定状態の自律の姿であるのに対し、「動的自律性」はもがきつつある自律の姿である。何に対してもがいているのか。異文化との出会いにおいて、それに対する対処法が「無意識的に」浮かんでくるのが静的、安定的自律とすれば、対処法を「意識的に」創出する、つまり異文化の意味を対象化し、それに対する自己の可能的行為群のあれこれを「意識し」、そこから意図的判断を下して対処行為を決する、これが動的でもがきつつある自律の姿である。

私の「世界の立ち上がり」の理論では、世界が原初的意味を主体に対して浮かび上がらせてくれる。この「自らが付与したものではない意味」を感知し、この核となる意味に対して今度は意識的、意志的に合理的、適応的な対処行為を選択決定する。これが普通の自律である。「もがきつつある」自律とどこが違うか。問題事象の意味の感知の時点で、既に違いがある。原初の意味の核が与えられるのは違いがないが、安定した自律では、この意味核に基づいて直接に、あるいは半ば自動的に対応する行為が浮かび上がり、意図的に採用される。この場合、自由意志が自律的に行為選択、決定しているのだ、とは言ってもそこには意味に敵対する拘束力は何もない。あるいは何も意識されない。意識される前に処理されてしまっている。安定し過ぎて「自由の行為」の場面がないのである。自律の一方の極限の姿である。

「もがきつつある」自律の場合、原初の意味核が与えられるところまでは同じだが、この意味核の周りに、主体が意識的に吟味した第二層の意味がかぶせられる。もちろん、原初の意味とこの第二層の意味は矛盾対立しないものに限られるが、それにしても、事象の意味について主体が意識的に吟味しているのが大きな特徴である。これに続いて対処行為の吟味選択がなされる。これも意識的、意図的であって、より合理的より適応的という条件を意識しつつ、ある行為を選択採用しているのである。先ほどの安定した自律の対極の姿である。両者の間に広がるのが「普通の」自律である。要は意識化、意図化、無意識化、自動化の程度の違いである。

6　自文化を保持することが他文化習得の鍵である

次のような研究がある。

母語（スペイン語）で読解学習を初め、後に英語へ移行した子どもの方が、英語のみで読解学習を継続した子どもよりも、結果的には英語の読解力のレベルが上であった。ナバホ・インディアンの子どもの場合でも同様の報告がなされている*(四五頁)。

言葉は幼児にとっては、先ずもって親との情緒的な絆である。話し言葉は親子間の良好な情緒関係によって支えられて発達し、逆に情緒断絶によって妨げられ、遅滞する。

学童期の子どもの書き言葉でも、この傾向は完全に払拭されはしない。子どもが多分に、親に対する情緒的依存心を持ち続けているからである。書き言葉がいかに記号解読の知的作業の外見を示そうとも、それは言葉たる限り、話し言葉と同じく人の間の交流の道具であり、絆そのものなのである。

この母語の安定の重要性、優先性の指摘は、外国語の習得を初めとする異文化学習のあり方に貴重な示唆を与える。私は先に自律的判断力の不可欠の基盤として、関連領域の全体の見取り図としての「関連世界」の立ち上がりについて論じた**が、子どもの発達の観点からすると、先ず最初に母子関係を主軸にする「生活世界」の立ち上がりがあり、これに基づいて様々な特定領域の「関連世界」が立ち上がって行く。

私がこのことから言いたいのは、母語の外国語に対する優先性が、生活世界の他の関連世界に対する優先性と同じだということである。母語はいわば言葉の世界での生活世界だということである。もちろん関連世界のあるものが、習熟により生活世界に繰り込まれることがあるように、外国語が第二の母語と言えるほどの習熟に達することもある。バイリンガルである。

ここで言葉と世界の関係について少し検討してみよう。言葉が文化の主要な要素であること、そして言葉が単なる知識断片群ではなく、速やかにひとつの全体体系を形作ること、ある言葉はこの全体構造上の位置としてその意味を獲得することなどからすると、言葉は文化世界のあり方の典型のように見える。

ある事象、この場合であればある言葉の意識のされ方に注目しよう。生活世界の事象に対応する言葉の場合、ほとんどと言えるほど、言葉は情緒性を帯びている。そしてその言葉は、ある対象と一体化して意識される。「お母さん」は母親の顔や声と一体化して意識される。これが学問的世界の事象に対応する言葉の場合との大きな違いである。ヴィゴツキーの考え***を踏襲しながら、「学問的世界の各要素は単独で意識されることはほとんどない。それは関連する要素や対比される要素と一緒に意識される」と先に述べたように、ある要素以外のすべてが背景化して、それのみを際立たせるというのではなく、少なくとも、当の要素と深い関係を持つ諸要素は「共に」意識され、それらの間での比較吟味といった分析的作業が持続しているのである。

例えば「電子」という言葉は、原子構造の模型の一部と重なって意識されるかも知れないが、それよ

---

* 太田晴雄「学校言語を母語としない子どもの教育」中島智子編著『多文化教育』明石書店、一九九八年、所収。

** 岡田敬司『自律者の育成は可能か――「世界の立ち上がり」の理論』ミネルヴァ書房、二〇一一年。

*** L・ヴィゴツキー（Lev S. Vygotsky, 1896~1934）『思考と言語（下）』柴田義松訳、明治図書出版、一九六二年、第6章。

り重要なのは「陽子」や「中性子」、そして「原子核」などの関連用語と対になり、かつ対比されてその意味が分析的に明確になって意識されることである。

世界はある要素を図化して際立たせることで、それに原初的意味を与え、自らは地として背景化する。これが一般的な場合であり、情緒価値を帯びた生活世界内対象の名などにとりわけぴったり当てはまる。これに対して知的分析の対象になる学問用語の場合には、前述のように関連の強い言葉がセットになって意識される。私がここで強調したかったのは、世界の背景化の仕方には強弱の程度差があり、情緒的生活世界を強とすれば、知的学問世界は弱となる。両端の間に様々な程度の背景化を示す世界が分布するのである。言葉の世界もこれと事情は同じである。その言葉がいかなる領域の要素かによるのである。

見出しで述べた「自文化」の重要性とは、対象に原初的意味を与える力の強い「情緒的生活世界」の重要性とほぼ同義であり、人間世界の重層化は、この基盤に依りつつ進行するのである。

第8章 ― 異文化交流による変化の諸相

1 共生の作法Ⅰ

共生という概念はかなり繊細で、周辺の用語と対比させながらでないと、そのイメージがつかみにくい。

1 併存しているが互いに無関心

以前、中世社会における狂人の遇され方を、アリエスやフーコー、それにルノーらの解釈を参考に理解しようとしたことがある*。

狂人や子どもは自由に正常な大人に混じって生きるのだが、その自由は後者の生活を妨げない限りにおいてのことである。自分の妨げにならない狂人や子どもは、取り締まることも、保護することも必要ないし、そうした配慮はそもそも念頭に浮かばないのである。両者はすれ違いあるいはねじれの位置にあり、無関係に互いの傍らに生き、そして死ぬのである。

2　利己的関心から、狂人や子どもの支配や管理を企てる

これはフーコーの言う大監禁の時代の出来事である。何が原因かは定かではないが、正常な大人たちの秩序意識が高まり、傍らを生きる無秩序な人たち、つまり狂人や浮浪者に対して寛容ではなくなった。この結果が、これら秩序壊乱者を十把一からげにして監獄へ収容してしまう政策である。

子どもに対する搾取の企て、つまり労働力として囲い込むことは、中世の徒弟奉公の制度から既になされていたことで、この意味では、狂人に対するかつての無関心がこの時期に劇的に変化したのに比べれば、はるかに連続的である。

3　治療と教育の視点の出現

フーコーは前項の2とこの3を連続的に捉えたがるが、ルノーはこれを異質なものとしてきっぱりと分ける。大監禁においては秩序壊乱者を人間性の本質を失ったものとして、単に人間社会から隔離すればよしとするのに対し、治療と教育の視点は、狂人、障害者、子どもを本質的に人間性の埒内の存在と

見なし、医者や教育者を差し向けて、彼らの欠損を修復しようとするのである。彼我の差異は量的、連続的なものと認識されている。

4 狂人、子ども、障害者、女性、一般的に言って異文化人の他者性を尊重する視点の出現

これはいわゆるポストモダン思潮の中で唱えられるようになったもので、この立場からすれば、3の他者の他我視は他者の他者性の侵害であり、同化策に他ならない。

しかし、他者の他者性の尊重とはいかなることか。異文化の独自性を尊重せよ、という主張ならば、レヴィ＝ストロースの文化人類学が鮮明に主張したし、理解しやすいことである。しかしこれは異文化と自文化を優劣の尺度で見ることを拒否するだけで、彼我を文化的見かけを越えて、同じ人間性の範疇に入れることではないのか。

この難問に、数土直紀は「相手を分からないままに受け入れる」付き合い方を提案する**。これは「所詮他人は他人だ」という投げやりな態度とは違う。分かり合う努力をした上で、その限界を認めることである。異文化人を本当に分かり切るということはあり得ないと認識した上で、可能な範囲で協力する。これがポストモダンの共生の作法だということである。

* 岡田敬司『「自律」の復権』ミネルヴァ書房、二〇〇四年、第二章。
** 数土直紀『理解できない他者と理解できない自己』勁草書房、二〇〇一年。

これは下手をすれば再度、他者に対する無関心に立ち戻ってしまう危険性と隣り合わせである。他者と分かり合うことの限界を認識していながら、本気でその努力をするのはかなり難しい。しかし子どもの教育や精神病者の治療の情熱を失ってはならない。

これはほとんどジレンマと言えるほどの状況であるが、よく考えてみれば、太古以来か近代以降か、どちらにしろ私たちが親密な対人関係を構築しようという欲望を持ったときに、例外なくつき当たった壁ではなかったか。「君の本心は何なんだ。」おなじみの問いである。他者認識の限界、それは自己認識の限界と同様に、ずっと以前から私たちに付きまとい、時に忘れることはあっても、また忍び寄ってくる疑念だったのだ。

2　子ども文化について（対抗文化なき時代）

教育の営みを異文化交流として見ていくについては、教育対象たる子どもの文化がいかなる意味で教育主体たる大人の文化と異質なのかを明らかにしなければならない。

乳児期から幼児期にかけては、子どもは人間世界に適応して生きていくのに必死である。そのために大人とは体力的にも知力的にも雲泥の差があるにもかかわらず、大人と調和するような行動様式や思考・感情の様式を急いで身に付ける。これが幼き者の文化である。調和的と述べたのは、それが大人の助力を引き出すのに好都合なようにできているからである。父母を初めとする大人に甘えて、助けてもらわなければ、この時期の子どもは到底生きていけないのである。以上のようなわけで子どもはこの時期、無文化から大人に対する迎合文化、調和文化へと急速に展開していく。

児童期の子どもの行為様式と思考・感情の様式は、二つの傾向の混合物であるように見える。一方では乳幼児期の本能的な大人文化への迎合性と調和性が、意識面で確立して行く。大人は偉大な卓越性を持っているからこそ、調和、迎合ではなく、尊敬、信頼すべき権威者となる。他方では、子どもは身体的、運動的にも知能的にも大幅に成長し、生計はともかくも、日常的には親を初めとする大人の助力を当てにせずにでも生きていけるようになる。大人に迎合、依存するより、子ども仲間の評価を得て、群れて遊ぶのが楽しくなる。

第一の傾向は「良い子」志向であり、第二の傾向は「独立」志向である。この両傾向は対立的ではあるが、大概の子どもに併存している。

第一の傾向は、大人文化と調和的である点で乳幼児期の延長であり、この子ども文化は大人文化と相補的な関係にある。第二の傾向は、大人文化とややもすれば対立的になる。少なくとも離反的である。子ども文化が本来の「対抗文化」性を見せるのは、第二の傾向の発展においてである。

突然小学校の教育現場になるが、斉藤次郎は『「子ども」の消滅』*において、これと関連して興味深いことを述べている。鹿島和夫の「あのね帳」の実践は、子どもに「先生、あのね」とまるで耳元で囁

---

* 斉藤次郎『「子ども」の消滅』雲母書房、一九九八年。

くように、経験や思いを書いてもらう。教師はそれを読み、その日のうちに返信付きで返すのだ。話し言葉から書き言葉へ拡大しつつある小学校低学年の子ども達との「調和的」関係を彷彿とさせる話だ。

　思春期が近づいたとき、このような親和的、調和的関係に影が差すことがある。対立、緊張をはらみ始めた大人／子ども関係を「正にそのようなものと認めた上で、コミュニケーションを再開する」とすれば、「先生、でもね」の方が書きやすいのではないか（一一〇頁）。ここで「でもね帳」が提案されるのである。何と第二の傾向に合致していることか。見事というほかない。対立、葛藤を感情的なものに貶めるのではなく、討論的対話にもっていく。それはまさしく私が認知葛藤と名づけたかかわり方の精神である。私が同輩間の討論的対話を重視したのに対し、斉藤の提案では信頼と権威の残存する教師との間にそれを設定したのである。

　さて、思春期から青年前期にかけての子ども（既に子どもを卒業しつつあるが）において顕著になってくる「対抗文化」について考えてみよう。

　子ども文化は何に対抗するのだろうか。家庭文化に対して、学校文化に対して、大人文化に対して、そして体制文化（支配的文化）に対して。これらの答えは互いに重なり、そしてずれている。最も一般的に言って、「子ども文化」が対抗するのは「大人の支配的文化」であるが、文字通りにそれが成立したのはかなり旧聞に属するようになった。

　今や古典となった前掲のウィリスの『ハマータウンの野郎ども』は、イギリスの労働者階級の子どもたちが、ギャングエイジを経る中で、反「良い子」志向、反学校文化の志向、そして反ブルジョワ文化の志向を鮮明にしていく様子を描き出した。彼らは、反「良い子」、反教師から始まって、ついには自らを反体制的な労働者文化の担い手にまで純化していく。これは、子ども文化が学校文化の中で化学反応を起こし、青年期の「対抗文化」につながっていく成長の見事な例である。

六〇年代末から七〇年代前半にかけての日本の若者、特に大学生の反戦運動、そして反体制運動は、対抗文化をはらんだものであったが、若者のその後の急速な体制内化によって、一過的なものに終わった。これの最大の理由は、全共闘運動が、大学生の労動力商品としての価値の下落に抗議して運動を起こしたものの、ベトナム戦争特需以降も好景気が続いたため、少なくとも経済的要求としての説得力が下がったことがあげられよう。しかし反権威主義という対抗文化の第一の特質は下の世代へ伝播していき、高校における生徒の反逆、さらに中学校におけるそれへと「反学校文化」運動は展開していったのである。（その後に出現する小学校の「学級崩壊」現象は、おそらくはまったく別の視角からの分析が必要である。）

さて、斉藤の『「子ども」の消滅』は、対抗文化としての子ども文化が成立しない時代に私たちは立ち会っているのではないか、という直観で書かれている。その第一の原因は、学校を含む社会全体の市場化である。

市場原理は、大人も子どもも商品購入者として等質化する。お金を持っている限りは、大人も子どももないのである。確かに酒類やタバコの購入は子どもには禁止されているし、車の運転も同様である。しかし、これらのわずかばかりの項目も、かつての大人と子どもを分かつ節目、生きる技術を持つ者と持たない者という区分に較べれば何ほどのことであろうか。子どもは、生きるための諸々の技術を持たないがゆえに、依存して生きていくしかない存在であった。子ども文化とは、この別格性を前提として形作られていったものである。それも大人が与えた遊具、玩具類を「文化財」としながらである。

この文化財が大人や先輩の、そして自分の手作り作品であった時代から、単なる子供向け商品である時代への移り行きは、子ども文化の質の観点から大きな意味を持つ。一見したところ、この市場原理社会の到来は、子どもと大人を等質化し、子どもの大人への依存性を空洞化するがゆえに、子ども文化の独り立ちを助長し、対抗文化性を強化するかに見える。

さにあらず、である。子ども文化は子ども特有の特殊な欲求、興味の対象商品の買い手文化として、かろうじて大人文化との差異を作るのだが、この欲望の特有性、子ども特有性と大人特有性の対比が怪しくなってきたのである。斉藤の指摘するところでは、「コンピュータを導入した広範な分野での技術革新が、大人と子どもの境界をあいまいにしてしまった」（三六頁）のである。電化製品の操作技術は著しく容易になり、長年の訓練を積んだ大人のみが使いこなせる、という重要機器が身の回りから減ってしまった。消費財にしても似た傾向があり、子供向け雑誌や商品に大人が本気でのめり込んだりしている。

生産労働に携わるのは、今でも大人だけではないか。確かに先進国に関する限り、子どもの労働はあまり見うけられない。大人とは働く人のことである。基本的には今でもそう言えるだろう。だが、若者の高学歴化モラトリアム化、失業常態化は、この定義を怪しいものにしつつある。青年後期は大人である、という古来の常識は崩れかけている。

教育に目を転じよう。教育的配慮の対象となる者が子どもである、という定義を吟味してみよう。今述べた通り、大学生、大学院生でさえ、教育的配慮を必要とするものが多くなり、それが足りない、と父兄、いや母親が大学に乗り込んでくる時勢である。自立、自律は何歳ごろ達成されるのだろうか。心もとない話である。

このような状態だから、対抗文化としての学生文化は無いに等しい。モラトリアムの生活様式を学生文化と言えなくもないが、少なくとも対抗文化ではない。人間社会の次代を担っていく存在として、先行世代に問いかけ、議論を挑むような対抗文化ではない。子ども文化と呼べるものは、母性的配慮（教育的配慮とは少し違う）を不可欠とする幼児の生活様式だけになってしまったのだろうか。乳幼児の生活様式は、母性的配慮を不可欠とするものとして、子ども一般とは中世社会でも別物だったのである。

3　協同としての教育

協同行為として教育を考察していくについて、同一文化内協同と異文化間協同を対比してみる。

1　同一文化内協同としての教育

教育が教えるものと学ぶ者の間に成り立つ事象だということからすれば、厳密な意味で同一文化内協同としての教育を考えるのは、かなりの困難を伴う。行為様式や思考様式が異なるからこそ、文化伝達としての教育が成り立つように思えるからである。

行為様式や思考様式の集合の持ち合わせは同じなのだが、教育／学習の場面では、一方は「教える」を採用し、他方は「学ぶ」を採用する。これならば、同一文化内協同としての教育が成立したことになる。ただしこの場合は、教える者も学ぶ者も、互いに相手の行為は自分の行為リストの中の一つとしてすでによく知っているのである。教育／学習の中で新たなもの、未知のものは何もないのではなかろうか。

相手の教えるという行為型はよく知っているが、教える中身については知らないという場合について考えてみよう。行為様式や思考様式は同じだが思考内容が異なる、つまり同一文化に属しているが文化財としての知識が異なっている場合である。同じ学校文化に属しているが、下位区分で教師文化と生徒文化に分かれており、両者は知識の量及び質において明らかに違いがあるのである。

同一文化に属しているということは、「教える／学ぶ」の相補型行為を行うについては同意している（「学校とはそういうところだ」）のであり、知識量の多寡は教育伝達をより滑らかにするであろう。同意していても知識内容に差異がなければ、伝達は生じようがなく、そのことは翻って「教える／学ぶ」の学校文化への同意そのものを危うくするであろう。

以上から、同一文化（学校文化）内協同としての教育は、逆説的であるが、教師の持つ文化財としての知識と生徒のそれとの間に差異があるときにこそ成立することになる。

2　異文化間協同としての教育

異文化間協同としての教育を考察するに当たっては、異文化性の水準を正確に区分けしておかなければ無用の混乱を招くだろう。

第一の水準は、先の同一文化内協同でも述べた、教師と生徒の知識の質と量の違いをもって異文化と見なすものである。協同は容易である。

第二の水準は、教える行為と学ぶ行為の相補性の了解はできていないが、自分自身の教える行為の様式あるいは学ぶ行為の様式はしっかり身についている状態である。この場合は、教える行為／学ぶ行為の相補性をまさしく協同行為として構築していかなければならないことになる。課題は相互調整である。

第三の水準は、「教える／学ぶ」の相補性はおろか、自分自身の役割行為さえも身に付いていない状態である。教師は大人文化は持っているので、生徒を子ども扱いするが、教える行為様式が身についていないので、生徒を教えることができず、仕方なしにやみくもに支配統制しようとする。生徒の方も学ぶ行為様式が身に付いていないので、教師の支配の企図に対して、反発して対抗文化を構築する（ハマータウンの〈野郎ども〉を想起せよ）か、逆にまったく従順に被支配に甘んじる（同じく〈耳穴っ子〉を想起せよ）かである。後者の場合は何とか協同らしい外観を取るが、前者の場合はいかなる意味でも協同は成立しない。なお、支配／被支配の関係が成立したとしても、これが異文化間教育であるかどうかは吟味を要する。先述したような、同一文化内協同に過ぎない可能性があるからだ。

第四の水準は、教師の文化と生徒の文化が異質なものとしていったんは確立しているが、学校空間（教育空間）を例えば超階級的なものにできれば、そこで両者が異文化性をある程度保持したまま、協同で教える／学ぶ文化を構築する可能性も生じるとするものである。

この場合、生徒の側の労働階級文化と教師の側の中産階級文化とを橋渡しする第三の文化が必要であり、それこそが教える／学ぶ文化、あるいは教えあい学びあう文化でなければならない。元の文化の相互尊重を基盤に据えて、相互批判を行う。そしてこのプロセスの産物を協同文化として定着させるのである。これは元の文化の部分的変形を伴うであろう。例えば労働階級文化の卓越した直観、すなわち資本制の下での労働力商品のあり方は大同小異であり、学校文化の中で生徒同士が必死に競争して仲間を出し抜こうとするやり方は決して普遍化できないことの直観を尊重しながら、なおそれでも、肉体労働のみを美化して精神労働を避けて通ることも普遍化できない点などを批判するのである。

教師の側の中産階級文化は、ややもすると生徒を個人間自由競争に駆り立て、それがすべての生徒に成果をもたらすわけではないという普遍化不可能性を隠蔽しがちである。これを批判しつつ全面発達の努力を推奨するのはなかなか困難なことではあるが、生徒とともに、学びあうことの楽しさがかなりの程度一般化可能であることを、具体的に証明して見せるしかあるまい。

4　文化融合と文化総合

互いの文化の相互学習が円滑に進行していった場合でも、二種類の違った結果が起こりうる。文化融合と文化総合である。文化融合が帰結するのは、相互学習が相手の思考様式や行為様式を対象化して学習するのではなく、相手の主観的な姿勢や主体的な姿勢に情感的に同一化してしまう場合である。行為様式全般における一体化が起こる。もちろん客観的な形態の合致が問題ではなく、主観的な行為遂行意識あるいはそれを遂行している自己の意識の自他融合の問題である。当人の思い込みの事実である。

文化総合と呼んだのは、ここで除外したもの、つまり相手の思考様式や行為様式を対象化して学習し、客観的な行為様式全般において極度の自他類似が起こる場合である。これは必ずしも上記の文化融合を排除するわけではない。まれには主観面でも客観面でも、自他合致が起こることがある。

教育としての文化交流現象を葛藤含みのものと調和的なものに区別できるが、文化融合は少なくとも表層では調和的であり、文化総合は客観的対象認識に際して多少とも葛藤を伴う。なぜならば、他者たる主体を客観的認識の対象として扱うからである。

教育効果、学習効果の観点からは、文化総合の方が得るところが大きい。相違点を認識しつつ合一しようと努めるから、文化の拡張が起こるのである。文化融合の場合、そこにとどまるならば、せいぜいのところ心の平静を取り戻す効果が見込める程度である。しかし見方によっては、これこそが大切である。というのも主観的世界においては、当人の行為様式の全般は他者のそれと調和する方向で変容しているのだから、準拠集団への帰属欲求は充足されるし、自ずと文化形態も安定してくることが見込めるからである。主観的内容が準拠集団の受け止めによって客観的内容となってくるわけである。

Aという子ども集団がサッカーというスポーツ文化を持っている。Bという子ども集団がドッヂボールというスポーツ文化を持っている。AとBの出会いにおいて、一方が他方に魅了されてしまい、皆がいっせいにサッカーをやりだした、あるいは逆にドッヂボールをやりだしたという場合は、文化融合が起こっている。これと違って、両方の遊びの特徴を生かしたような新しい遊び、例えば手を使えるサッカー（ハンドボール?）のようなものを発明して皆でやりだしたような場合、文化総合が起こったと言えるだろう。

学習について語る場合、モデルをまねる形のものが多い。ここではせいぜいのところ文化融合が起こっているだけで、文化総合が起こるには至っていない。文化総合が起こるには、双方の文化がほぼ対等な魅力を持っていることが条件となろう。両者の間での緊張関係が、新たな遊びの創造の温床となるのだ。

5　文化を持つことと世界を持つこと

人間は世界内存在だといわれる。世界の中の一要素でありながらも、同時に世界全体を見通すような存在、それが人間である。同じように人間は文化を持つ存在だといわれる。文化は人間が歴史的に、そして社会的に蓄積してきた思考様式や行為様式それに感じ方の様式などであり、またそれらが物化した文化財が醸し出す意味や価値である。このことからすれば、人間も動物も世界に住まう存在である点では一緒だが、人間の方はこの世界を、歴史的伝達と社会的伝達の能力のおかげで、文化的世界という人工環境に変えてしまうのである。

動物でも純然たる自然的世界に住まうのではなく、ニッチと呼ばれる種に固有の特殊環境を保全しつつそこに住まうのであるから、人間と動物の住まう世界を、文化的世界と自然的世界とに二分して捉えるのは単純に過ぎよう。違いは程度問題と言えそうである。

おそらく人間の文化的世界と動物の自然的世界とが截然と分割されたのは、人間が言語を獲得したときである。言語そのものが文化であり文化財であるが、それが人間と動物とを分かつ上で重要であるのは、単に文化の内容を一品目増やしたからではない。言語は表象世界を出現させ、外部の客観世界とは別の主観世界、言い換えれば内的意識世界を出現させたのである。これは外部の自然的世界のみならず、物象化した文化財からなる文化的世界の一部をも包み込めるものであるから、いわば超文化世界が出現したのである。

整理しよう。人間は文化を構築することで、世界を自然的世界と文化的世界とに分割した。両者は二種類の環境世界として併存するものであったが、人間が言語を獲得するに及んで、転機が来た。それ以前は自然的世界も文化的世界も環境世界であり、人間あるいは動物というそこに住まう主体はどこまでも生活当事者であり、そこに内在していた。それ以後つまり言語獲得以後は、世界の観察者としてあるいは認識者としての人間主観が出現する。これは言語表象による世界の二重化、あるいは内面世界の獲得の結果としての自然的世界からの超出である。人間は自分の主観とその産物をも対象化して認識するに至ったのである。

第9章 —— 教育問題と異文化交流の視点

1 いじめ問題と異文化交流の視点

いじめ問題は日本だけでなく、世界的な学校病理現象となっている。学校での児童、生徒たちだけの現象ではなく、大人社会全体にはびこった病理の顕在化に過ぎないという見方もある。

いじめの原因についての諸説を箇条書きにしてみる。

1 子ども集団の凝集力を高めるために、スケープゴートを作り、攻撃性をそれに集中させる。これによって他のメンバー間の葛藤圧力は低減する。

2 競争社会の過度の進行が子供たちのストレスを高め、これがいわれのない他者攻撃に向かわせる。

3　家庭が何らかの理由で子どもに配慮する力を欠き、このストレスから、いわゆる「いじめっ子」が出現する。
4　何らかの発達不全によって、仲間の子どもたちと協調することができない子どもが増した。この子どもがいじめる側、あるいはいじめられる側になっている。

思いつくままに書き並べてみたが、他にもいろいろあろう。また、この中のすべて、あるいはいくつかが重なっている場合も珍しくなかろう。これらは人間の集団性、社会性に基づく宿命としていじめ現象を捉えようとする立場と親和性がある。

『ハマータウンの野郎ども』の反学校文化の特徴を書き出しているときに気付いたことだが、前述のような集団力学的な力、あるいは社会的なストレスへの反応とは少々景色の異なった原因があるのではないか。それは少年少女たちの「悪ふざけ」への傾向性の強さである。

「悪ふざけ」は仲間たちの気を引くための行為であり、観客の目を計算した演技性の強いものである。この意味では、これも前記の諸原因と同様、集団的、社会的な要因に基づいていると言えなくもない。しかし、重大な違いがそこにある。スケープゴート作りにしろ、ストレス発散にしろ、発達不全からの行為にしろ、そのほとんどにおいて、いじめの当事者は無意識に、あるいは衝動に突き動かされた他律の形でいじめてしまっている。そこには自由意志の主体の行為選択はない。

一方、悪ふざけから特定の他者を標的にする場合、先に述べたように、観客の目を意識した冷静な計算がなされている。（それが計算どおりの結果をもたらすかどうかは別問題だ。）つまり悪ふざけからのいじめ行為は、功利的意味においてではあるが、「自由意志」に基づいた自律的選択である可能性が高いのである。

もちろん悪ふざけにも社会的動物たる人間の宿命が現れていることを指摘できないことはない。悪ふざけは何よりも自己顕示欲を満たすものであり、自己顕示に成功すれば、異性との交尾確率が高まり、自己遺伝子を残す確率も高まる。つまり悪ふざけもまた、利己的な遺伝子のなせる業であり、他律の行為なのだと。

しかしながら、悪ふざけが結果的に自己遺伝子の増殖に有利だったとしても、その因果系列のそれぞれの結合点における流れの方向の必然性はそれほどのものではない。何よりも第一に、悪ふざけによる自己顕示が異性の注目の的となる確かさは、かなり低いものにとどまるだろう、悪ふざけが社会的能力だとしても、男性性あるいは女性性の卓越さを示しているとは直接には見えないからである。

そうしたことで、悪ふざけの行為は自己顕示欲との結びつきは強いが、他律の要素は弱く、先に示した四つのものに較べて、圧倒的に意識的、自律的行為選択の可能性が高いのである。

第一の、スケープゴート作成による集団凝集性の高まりをねらうという説は、例えばR・ジラール*の社会起源としての原始宗教の把握などが知られている。誰か卓越した指導者がいて、そのような計画

---

* R・ジラール（René Girard, 1923〜）『暴力と聖なるもの』古田幸男訳、法政大学出版局、一九九一年。

を立て、皆を従わせて事を成就する、といった構図が見えてきそうだが、そうしたことはむしろ少数であって、多くの場合は誰からともなく、何らかの表徴（身体的特徴、行為の癖、家族の特徴等々）を根拠に特定の者に難癖をつけ、いたぶっていく。ある者は反撃しない相手を攻撃するのに優越感を覚え、ある者は自分が標的にされることを恐れて、不本意ながら攻撃者の側につく。自らは手を下さない観客も同様である。以上が通説である。

これに異文化交流の視点は何を対置できるか。第一に目に付くのは、異文化人扱いされた犠牲者（候補）が攻撃の的とされ、凝集力高揚のための道具とされていることである。支配／被支配は、いびつな人間関係とは言え、相補型として安定しやすいものである。支配側が、「生かさず殺さず」式に、相手の服従を持続させて利益を得ようとするからである。

いじめの場合、支配のための攻撃ではなく、犠牲者作りの攻撃であるために、その安定点がない。相手の死に至って、やっと安定点と言えようか。ちなみに権力的支配の場合は、相手を搾取するために支配するのであり、死なせてしまっては大失敗なのである。犠牲の方は、死んでも象徴的効力が残る。これはフロイト説の通りである。

異文化人という異物と出会った場合、そこには葛藤を経て、様々な形の人間関係が帰結する。戦闘による相手の殲滅というのもそんなに珍しいものではない。逆の、相互に利益を得る交易関係の樹立もよくあることだ。

相手の殲滅は、出会いから利益を得ること、互恵的利益を得ることに失敗した図であり、せいぜい相手の所持品を奪う程度の利益にとどまる。先の見える者ならば、そのような一過的な利に走らずに、長期的な互恵関係の樹立を企てるであろう。

異文化人をもって犠牲とする場合もある。この場合、集団内部の犠牲無しにすむわけだから、集団内平和は守れるが、犠牲作りによる「平和」に過ぎないことに変わりはない。

未知の者同士の遭遇において、行為様式や外見の著しく異なるものは警戒され、時に攻撃対象となる。それほどの差異のないもの同士でも、互いに敵意がないことを示す身振り的、あるいは音声的表現がない場合は、対立が起こる確率が大きい。

このことからすれば、集団内いじめ(一番多く、また深刻な結果をもたらす)が、いかに理不尽な難癖つけから始まるにしても、再度、敵意がないことの表現を明確にし、それでも攻撃してくる場合は、委細かまわずその集団を脱出することであろう。

異文化人との遭遇においても、相手を歓待する文化もかなり広範に存在するから、犠牲作りによる「平和」の維持を突破する見込みもないわけではない。問題はすぐに相手の攻撃に向かう、実のところ自己防衛心理に凝り固まった者の心理改善にあるように思える。これについては心理療法の諸説が存在するところである。

2の競争社会の進行からくるストレス、それによる攻撃性の問題については、一つは、困難とは言え社会変革を企てる道がないわけではない。もう一つは、現在社会の通例になってしまっている精神科医や心理療法家の客となる道である。

いじめを行っている当事者は、どちらの道も自発的に選ばないから、教師か親がそう し向けるしかないがこれが大変困難である。かなり有効な方策に、クラス仲間による集団的ピア・カウンセリング*の手法がある。いじめっ子は攻撃的であればあるほど、心理的に孤立感を深めていることが多いから、集団帰属欲求を満たしてくれるこの手法の見通しはかなり明るい。

さて異文化交流の視点がこの場合に何をもたらしうるかであるが、先ほどと同様に、歓待の精神の涵養に努めることであろう。具体的にピア・カウンセリング以上の手法の手持ちがあるわけではないが、異文化との出会いを経験させ、自他の相互受容的、そして互恵的な関係の構築の訓練をすることである。それは同時に共生の作法の習得でもある。

3の家庭がストレス原因である場合、学校をはじめとする公共機関の介入は極めて困難である。親の私生活の保護を考慮しなければならないからである。しかし親による児童虐待の結果、「重傷の」いじめっ子が出現する可能性が高いことを考えれば、今まで以上の積極的な介入が要請されていると言わねばならない。何よりも被虐待児の命を守らなければならないし、心的なトラウマ形成も防がねばならない。実父母神話を乗り越えて、里親や養護施設の充実を目指さねばならない時が来ているのである。

実父母から別れることは、そして施設や里親のところに行くことは、子どもにとっては強烈な異文化体験である。私の異文化交流の分析は、この問題への対処に少しは役立つであろう。なお、この領域の最近の研究に遠藤野ゆり**や大塚類***の目覚しい成果がある。

4の発達障害児がいじめの被害者（稀には加害者）になってしまう場合について考えてみる。医療的手段によって完治するという極めて稀なケースは除外しておこう。一般的に言って、解決は私が『「自律」の復権』で述べたような「症状の飼い慣らし」によって、日常生活の円滑化を図るしかあるまい。重要なことは、症状を飼い慣らして付き合って行くのが、障害者当人のみならず、関連する周囲の人全員の責務だということである。症状との付き合い方を皆が習得すること（もちろん当人と周りの人間とではかなり中味が異なる）がインクルージョンの精神であり、共生教育の精神である。

この点で、異文化交流の視点は大いに役立つと言うより、大きく重なる。障害者文化との出会い、それとの葛藤を経て、共生の道を拓いて行く（具体的には、皆で症状を飼い慣らすこと以外の方策を持ち合わせていないが）ことは、異文化交流としての究極の姿であり、インクルージョンの実現に他ならない。

5番目の「悪ふざけ」については既に多くを述べた。ふざけそのものは多分に子どもの性向だから目くじらを立てることはないが、場を快活にする「ふざけ」でなく、利己的な計算ずくの「悪ふざけ」となるとそうはいかない。それは本人には楽しかろうが、他者を傷つけるのを承知で、しかも「自由意志」でやってのける悪事である。

＊　ヘレン・コウィー（Helen Cowie）&ソニア・シャープ（Sonia Sharp）編『学校でのピア・カウンセリング』高橋通子訳、川島書店、一九九七年参照。

＊＊　遠藤野ゆり『虐待された子どもたちの自立』東京大学出版会、二〇〇九年。

＊＊＊　大塚類『施設で暮らす子どもたちの成長』東京大学出版会、二〇〇九年。

異文化交流の視点から何が言えるか。先ず注意すべきは、障害児との出会いで相手をからかうような場合は、異文化交流の事象ではないことである。一見そのような印象を与えるが、実は逆の、同一文化内閉塞を打破しようとするあがきである。この悪ふざけの当事者は、既に障害者との付き合い方はいかにあるべきかを知っており、幾分かはそれを実行することさえできるのだが、その当為の世界の重圧につぶされてはかなわないと、意図的に悪ふざけで重い空気を払いのけようとしているのだ。

ここでの対処法として重要なのが、異文化人との出会いから共生の理念へと急がせすぎないことである。様々な形とレベルの葛藤経験を経ることが、当為を重過ぎると感じさせないために不可欠である。何回もの葛藤の解決を経験する中でこそ、単なる当為でなく充実を伴う行為であることがわかってくるのである。

「症状の飼い慣らし」と言えば、いじめっ子の攻撃性も立派な症状である。当人も周りも大攻撃の害悪を小攻撃の無視できる程度の害悪に分散させるとか、同じく「悪ふざけ」を「ふざけ」の系列に分散させてしまうとかの工夫が必要であり、有意義なのである。

2　体罰・校内暴力と異文化交流の視点

校内暴力といじめは類似点が多い。あえて区別すれば、前者が個人間現象であるのに対して、後者は集団力学的現象だということになる。もちろん、多くの例外を承知の上での区別だ。

子どもも大人も、自分の攻撃性を制御できるようになるにはかなりの時間の学習が必要である。先に述べた「症状の飼い慣らし」の考え方が有効である。J・パンは武道、特に柔道の色帯制度をヒントにしながら、攻撃性を攻撃性でもって制することを企てた。つまりは攻撃性のスポーツ化である。ちなみに、パンの先達であるF・ウリは、小学校教育に柔道の色帯制度を持ち込み、様々な領域における自己規律の浸透と学習効果の評価をめぐる教師／生徒間の軋轢を避ける方途を考え出した（鈴木伸尚の研究参照）＊。

この問題で異文化交流の視点が有効だとすれば、それは何よりも粗野な暴力のけんか文化と飼い慣らされた攻撃性のスポーツ文化との橋渡しをしたことである。

少々結論を急ぎすぎたようである。大人の暴力として「体罰」を、子どもの暴力として「校内暴力」を全体として振り返ってみよう。

学校教育における暴力の問題を考えるとき、私たちはすぐさま二方向の暴力の関係の問題に行き当たる。一つは子どもが行使する暴力であり、大人や子ども仲間に向けられる。もう一つは大人、特に教師が行使する暴力であり、子どもに向けられる「体罰」が大半であるが、稀には同僚に向けられることもある。

大人からの暴力の代表格として「体罰」を検討し、子どもからの暴力の代表格として「校内暴力」を

＊　鈴木伸尚「フレネと規範」『フレネ教育研究会会報』No.104. 二〇一三年五月。

検討する。その後、もし見通しが得られれば、教育の場における大人／子ども関係の問題として暴力を把握してみたい。

1 体罰

体罰も暴力一般の一形態であるから、本質的に主体が対峙して互いの像に取り込まれてしまう双数関係の現象である。主体は「我を失って」自他の見境のつかない像の絡み合うライバル関係、競争関係に巻き込まれてしまっている。

この泥沼の混乱を抜け出す道の一つとして「暴力の制度化」がある。暴力の一つを制度化して超越した位階に据えることによって、ライバル関係に終止符を打つのである。制度化が設定し得る超越性の程度には様々なものがあり、それによって終止符の効果も様々である。例えば、単に「体罰だ」と称して、「教師によって」行使されるだけでも、ある程度の制度化の効果がついてくるのである。

上手に制度化された場合、例えば教師と生徒の全員参加の全学集会で全員一致で決定された「違反行為と罰の一覧表」のようなものがあると、教師の体罰も「憎しみ」の行動化という面は薄まって、単なる規則の執行として脱人格化、脱感情化されることが期待できる。

次に、体罰のメリット、デメリットをざっと数え上げてみる。

A 体罰のメリット

A‐1　教育の場の秩序回復
A‐2　子どもの自己制御を助ける

B　体罰のデメリット
B‐1　子どもを危険にさらす
B‐2　子どもに大人不信、教師不信の念を抱かせる
B‐3　子どもに心的外傷を残す

人間形成の観点から真偽を確かめる必要があるのはA‐2つまり、権力、暴力が非力な子ども本人の理性の代わりに、子どもの衝動の一人歩きを押さえ込んでくれる、とする考えである。大人の権力や権威の教育効果を肯定する立場に一般的に認められるこの考え方の真偽は、単純には決せられない。

教育効果ありとするのは、この権力的、暴力的統制が、その場だけで終わってしまうのではなく、子ども自身の統制力になってくるという見込みが立つ場合である。もし子どもが大人の権力、暴力を模倣して自分自身の衝動傾向を罰する力の行使法を体得するのであれば、それも教育効果と呼べるだろう。

親のしつけの後、親に同一化した子どもが自罰行為をすることがある。しかし、つねったり、叩いたりといった自罰法は、ごく幼い間のことであって、すぐに言語的な、それも内言による自己統制になってくる。この場合、自罰行為のような直接的な模倣の延長と見なせるか否かが問題である。

私は両者ははっきり区別すべきだと考えている。前者が反射的な模倣、あるいは同一視による自動的行動生起であるのに対し、後者の場合には、大人の罰する行為の客観的認識とその狙いの理解があって、それを自分で意図的、意識的に自己適用しているのである。行動模写的な前者はほぼ自動的に生起する他律的行為であるが、言語に媒介された後者は自律的な意志に導かれた行為である。人間形成の大きな目標が、今日でもなお「自律的人間の育成」にあると仮定すれば、後者の場合は教育効果があると言えるる。

さて、大人の行動模倣が内言に導かれた自律的行為に転換するか否かの条件であるが、一番大きいのは、大人の罰する行為の狙いが理解できるか否かであろう。理解できないうちは、何としても映像刺激を言語刺激－意味刺激に変換することは不可能だからである。付随的な条件としては大人に対する愛着や信頼の存在があるが、これらは理解を助ける条件に過ぎないと思われる。

さて、罰する行為の種類だが、言語的叱責のようなものは信頼があれば極めて速やかに子どもに理解されようが、体罰のような暴力行為はどうであろうか。これもやはり信頼があれば、「行為として模倣」するのではなく「否定の意味記号」として理解されよう。端的に「やってはいけない行為」とカテゴライズし、自己行為阻止に用いるのである。

こうして見てくると、予想に反して、大人と子どもの間に信頼関係があるかどうかが決定的に重要である。信頼が存在すれば体罰であっても、叱責であっても、子どもに内面化され得るようである。信頼が自己防衛を無用のものとしてしまって、心的エネルギーのすべてを「理解」に向けるからであろうか。

2　子どもの暴力

学校における子どもの暴力は、子ども相手のものと教師相手のものに大別できる。子ども相手のものとしては「いじめ」が深刻なものとなっている。この本質解明と具体的対策の考案は急務であるが、ここではこれと関連することもあればしないこともある「子どもの教師に対する暴力」の方に論をしぼることにする。

教師に対する暴力は、多くの場合、教師の指導に対する不同意の証として行使される。何の理由もなく衝動的に行使されることはごくごく稀であり、ほとんどは指導に対する反撥、反撃である。これに対処するのに、ひたすら言語の次元で理性的に諭す、というのは正解ではあろうが、子どもの攻撃行動に面してのとっさの反応としての役には立たない。

フィリップ・ベルニエは私との共著論文＊で「間（ま）の感受」と「仮説直感」という武道由来の概念の重要性を述べた。「間の感受」とは人間関係における距離感のことであり、「仮説直感」とは、この間を含む対人状況における感覚運動的直感力である。つまりベルニエは教師に武道のセンスを身に付けさせて、生徒の対教師暴力を制することを提案しているようなのである。言語コミュニケーション以前

＊　Ph・ベルニエ（Phillippe Bernier）、岡田敬司「分析装置としての校内暴力」『人間・環境学』第一七巻、京都大学大学院人間・環境学研究科紀要、二〇〇八年、一～八頁。

に間身体的コミュニケーションを成立させようというのだ。無論、間の感受は対人関係一般に機能する能力であるから、生徒の暴力に対峙する場面はもちろんとしても、それ以前の教育的な関係一般において、指導や会話が抗争に発展してしまうのを予防する場面でも重要な働きをするであろう。ベルニエの武道センスのすすめは、これをも含んでのことである。

さてベルニエの提案が、子どもと教師の間身体的コミュニケーションの養成にあるとすると、それは子どもの暴力に対する応答としてだけでなく、先に検討した教師の働きかけとしての体罰にも応用可能なのではないかと思えてくる。もし暴力一般が人と人との間の間身体的（前言語的）コミュニケーションと理解できるならば、そのはずである。

問題が残っているとすれば、この間身体的コミュニケーションの能力は決して野生の闘争能力などとは混同され得ない、ある意味で極めて高レベルのものだということである。換言すれば、同一化を含めた感性レベルのものではなく、言語的理性を再度身体化したような、感性・理性の統合レベルのものだということである。それはベルニエも言うとおり、武道的な訓練、修練を経て体得される能力であり、自然のものではない。

要するに、教師の体罰や子どもの暴力の制御の際に行使されるのは統合レベルのコミュニケーション能力である（なぜなら、教師は事前に養成プログラムでその訓練を受けているはずであるから）が、子どもの側の体罰への反応や初発の暴力行為は、どこまでも野生のものにとどまっているのである。

3　異文化交流開設の突破口としての間身体的コミュニケーション

異文化の出会いを抗争に終わらせずに、交流にまで持っていって、共生様式を確立できるかどうかの第一関門は、相互暴力を相互理解のコミュニケーションに展開できるかどうかにかかっている。

本書で大人／子ども、教師／生徒関係が異文化性と同一文化性の両方を含んでいることを度々指摘したが、暴力をめぐってもほぼ同じことが言えそうである。大人と子どもは多分に相互異文化であるが、子どもが大人に対する依存性を活用して生きている時期には速やかに依存／被依存の共通文化が構築される。これが再度怪しくなるのは、思春期前後、子どもの自立性、反抗性が高まるときである。この大人／子どもの相互不調和の典型的な現われが暴力である。反抗の暴力しかり、体罰の失敗型しかりである。

これを再度克服しようとするときの手段が間身体的コミュニケーションの構築であり、そのための修練としての「間の感受」、「仮説直感」といった武道由来の感性の体得なのである。

次章で、共生を実現するための大きな力として歓待の態度を取り上げる。要点は、多様な他者を差別なく歓待するためには、ホスト側が自己同一性に固執することなく、相手に合わせて刻々に変容・異化できる必要があるということだ。しかし忘れてはならないのが、こうしたホストの相手に合わせた多様な異化が可能であるのも、それを「門戸を開き、食事を与え、寝床を与える」といった基礎的歓待行為がしっかりと支えているからである。（精神的）多様性を（身体行為的）統一性が支えているのである。

暴力をめぐる関係構築、再構築の問題についても似たようなことが言えそうである。（精神的）不調和が抗争を生じさせ、（身体行為的）暴力にまで展開してしまっているのを、再度調和的関係に転じようとするとき、精神的、言語的な説諭が全く無力であるのはよく見かけるところである。ベルニエの提案する武道由来の間身体的コミュニケーション開設能力に頼ることはこの時点で大いに説得力がある。そしてその能力とは間身体的状況を感受し、それに適切に対処する動きを発動する感性的、行為的能力である。

共生の機微が成立するかどうかは、このように身体的、感性的行為能力の次元にかかっているのであり、教育は、このレベルの行為を野生のものから、修練を経た統合レベルのものに発展させることに主眼を置くべきなのである。煽るコミュニケーション様式を鎮めるコミュニケーション様式に転換することであり、武道の本義はここにあるはずである。

以上のことを別様に述べれば、学校での野生の暴力を飼い慣らして制度化された、あるいは文化化された暴力としてのスポーツに変形することである。人間のどうしようもない傾向性としての暴力にはけ口を与えて、それもいけにえの犠牲者を作り上げることなくはけ口を与えて飼い慣らすことができれば、異文化衝突の最悪の展開を避けることができたことになるのである。

3　学級崩壊と異文化交流の視点

学級崩壊は教室での授業の秩序が保てない状態一般をさす言葉であるから、幼稚園から大学に至るまで、あらゆる段階の学校教育で起こり得る。教師の統率力の欠如と生徒の集中力の欠如、自己統制力の欠如が重なれば、必然的に発生すると言える。ここで言う自己統制力は厳密な意味での自律能力である必要はなく、少し古い年代であれば存在した、社会通念としての学級の規範性の力による代替でもよいのである。教師の統率力の方は、権威的なものもあれば、信頼や愛着のようなものもある。共に有効である。

この問題に異文化交流の視点が有効性を持つとすれば、典型的な学級崩壊の一つ、小学校低学年に見られるものに対してである。ここでは家庭で甘やかされて、母親を小間使いのように見なす家庭文化を身に付けてしまった子どもが、今度は一対多の関係で成り立っている学級文化に適応できず、一対一でかまってくれなければ、自分勝手に動き回るというケースが多い。端的に言って異文化適応不全であり、これは小学校低学年を担当する教師が二文化併用的な指導法を取り入れれば無理なく克服できるはずである。(このあたりの事情は中田基昭の研究*に詳述されている。)

4　不登校と異文化交流の視点

不登校とは、子どもが長期にわたって学校に行かない事態をさす。そこに至る事情が何であれそう呼

---

* 中田基昭『授業の現象学』東京大学出版会、一九九三年。

ぶが、一般的には登校を阻止する外的要因、例えば民族差別や経済的貧困、そして重病などによるものを除いた内的理由によるものをさす。ここで言う内的理由とは、原因が何であれ、本人がそれによって心理的に登校できなくなっているものをさしている。

歴史的に見て、不登校を精神疾患の一種と見なした時期、怠け癖によるものと見なした時期、甘やかしなど親のしつけの失敗によるとした時期、学校環境に対する不適応と見なした時期などが錯綜するが、今日では不登校を単一原因によるものと見なすことの無理が認識され、これら様々な要因によるものの合計（その中には複数原因によるものも含まれる）と考えられるようになってきている。

注目すべきは、原因の多様さにもかかわらず、不登校現象の本質を「本人が心理的に登校できない状態にあること」という主観の在り方に認めるようになってきたことである。この当人の主観の尊重は、不登校に対する対処法にも大きく影響し、かつての登校強制や過剰な登校促進刺激は避けられるようになった。もちろんこれは一般的な傾向を言っているのであって、一部に強制的な方法の成功例があることを否定するものではない。原因が多様であるように、対処法の一元化も無理なのである。

さて、異文化交流の視点で何が見えてくるかであるが、話を不登校問題の発生の局面とその終息の局面に分けて考えてみよう。「不登校問題の発生」と表現して「不登校の発生」としなかったのは、学校へ行かないことそのものが問題なのではなく、それが社会にとって、そして何より本人にとって問題化することが問題なのだということを強調するためである。

不登校が社会にとって問題となってくるのは、義務教育が定着し、子どもは学校に通うものだというのが社会通念化し社会規範になったからである。不登校はこの社会規範に抵触する「悪事」なのである。それゆえ、不登校児が苦しむのは、学校に行くことによって得られるはずの利得が得られなくなったことではなく、自分の存在や行いが「悪」とされてしまうことに対する屈辱感であり罪悪感なのだ。（無論この場合も先の場合と同じく、例外は少なくない。）この屈辱感や罪悪感は、たとえ不登校の原因がクラスの仲間による理不尽な「いじめ」だとしても、被害者たる不登校児に付きまとうのである。

不登校問題の終息は、当人が登校を再開し、それが定着すれば実現する。しかし外的原因が多様でありそれらすべてを除去するのは難しいから、このパターンは容易ではない。より一般的に思えるのは、社会規範の方の変化、社会通念の変化である。

実際、一九五〇～六〇年代から報告されだした「学校嫌い」や「登校拒否」は、今日では「不登校」と呼ばれるのが一般化した。かつての強制的な登校刺激（戸塚ヨットスクール事件に代表されよう）は影をひそめ、温和な働きかけや学校外での居場所づくり（東京シューレに代表されよう）などが多く見られるようになった。それはとりもなおさず、登校拒否や不登校を「悪」と見なす社会規範が風化して、より許容的な規範、例えば「学習の場には様々なものがあり、本人に適したものを選べばよい」になってきたということである。もとよりこの移行は部分的なものにとどまっているのであるが。

異文化交流の視点からは、一つにはこの数十年間に起こった社会規範の変化を、二種の文化の交流の結果と見なす立場が出てくる。実際、不登校をどのように感じ、認識し、対処するかは大人たちの文化形態であるし、その大人たちに囲まれて生きている学校の仲間たちの文化形態であるし、最後になったが当の不登校児の文化形態である。不登校問題は医学的対処や臨床心理学的対処が、そしてグループダイナミクス的対処が功を奏したのではなく、主として子どもに対する支配・強制の文化が許容・共存の文化に出会い、相互作用を起こして前者の主流としての地位が後者のそれにとってかわられたことが、結果として今日的解決をもたらしたのだといえよう。無論、それを解決と見るか否かは立場の違いとして残り続けるであろう。クレオール研究が指摘したように、複数文化の交流が完全な融合を引き起こすことはほとんどないのであるから。

第10章 —— 解決法としての歓待と葛藤なき共生

1 歓待について（共生の作法Ⅱ）

異文化交流の視点から教育を見てきたのだが、その視点の複雑な様相とは逆に、めざすべき理念はあっけないほど単純である。それは共生であり、歓待の思想を持って生きることである。

既にふれたことだが、共生のあり方にはいくつかの種類があり、その一つが歓待の思想を持って生きることであるように思えるので、再度、簡単に共生のかたちを類別してみよう。

1 異文化人は互いの傍らに生きているが、相互の交流はなく、無関心である。中世型。

2 異文化人とかかわりつつ生きているが、そのかかわりは有害な異物としての監禁である。大監禁型。近代初期型。

3　異文化人も同文化人も、利用可能な存在たる限りでかかわりを持つ。ブーバーの言う〈我－それ〉の構えである。近代型。

4　異文化人共生型。これは歓待の思想を持って生きる時にのみ、その全き意味において実現する。

ルネ・シェレールが『歓待のユートピア』*で述べていることをいくつか引用してみる。

もし私が、他者とその世界において動機付けているものに無知であったり、その世界を受け入れないならば、私はまだ「他者」と出会ったことにはならない（一三三頁）。

この文の要点は、個人あるいは集団は固有の世界と文化を携えており、原理的に互いに異文化人である人々は、互いの世界の重なりを見出し、互いの文化の共通の意味作用に目を向けるときにのみ、「幾分かは」分かり合えるということであろう。

隣人が歓待を命じるのではない。歓待においてこそ隣人が実現されるのだ（二九頁）。

前に述べたように一人称の「私」である諸個人は、原理的に互いに異文化人である。相互理解が成立せず、信頼関係も成立しないのが前提である。この壁を突き破るのが歓待という名の「他者への開け」

である。それは単に「心を開く」といったお題目にとどまらない受け入れ、つまり門戸を開き、食事を与え、寝床を用意することを含む。行為こそが重要である。知識を与え、人格に承認を与える行為も当然そこに含まれる。

フィリアは相互性を気遣い、したがってまた「正義」を気遣うが、アガペーはこれらを超越してしまう（四三頁）。

今問題にしているのは、もちろんアガペーである。古典的な愛の呼称の中で、アガペーこそが全き贈与として、歓待を実現し、隣人愛を実現するのである。アガペーは神の隣人愛へのいざないであり、命令である。愛が自然発生的な感情である限り、何人たりとも、否、神であってもそれを命じることはできない。「開けてあれ」あるいは「歓待せよ」ならばどうであろうか。それが門戸を開くとか、食事を与えるとか、寝床を用意するとかいった具体的行為を伴って実現されるものであれば、命令もいざないも可能であろう。これらの行為をなす中で、必然的にとは言えないが、隣人愛が生じる。行為を通して心が動くのである。行為ならば、人でも命じたりいざなったりできるであろう。これが共生教育のほのかな希望である。

＊ ルネ・シェレール（René Schérer, 1922〜）『歓待のユートピア』安川慶治訳、現代企画室、一九九六年。

一七世紀ヨーロッパでブルジョワの台頭とともに、その囲い込み根性（同化できる者は家庭に、できない者は監獄に）によって片隅に追いやられてしまった歓待の精神は、共生教育とともに二一世紀の世界に再生するかもしれないのである。

2　歓待と自己同一性（誰が歓待するのか）

困窮者を歓待するのは誰か。「私はリスクを負いたくない。君に任せる。」この答えは論外だとしても、まだ難問が残っている。歓待するものは究極的には歓待される他者にとってふさわしい者になる。そうでなくては真の歓待とは言えない。ところが客の様態、困窮の在り方は千差万別であり、それにふさわしいもてなしかたも千差万別である。物品を与えるだけのもてなしならば、ある程度画一的、統一的なもてなしかたもあろう。しかし肝心なのはふさわしい身と心をもってもてなすことだ。であれば、他者にそのつどふさわしくなるしかない。シェレールはドゥルーズが「子供への生成」「動物への生成」などというのにならって「常に他者への生成であることだ」という（二一四頁）。

他者への同一化でないことに注意しよう。同一化の場合は、あくまでもある像への固着である。それでは多様な他者にひとしなみにふさわしくあることはできない。「他者への生成」つまりそのつどの他者にとってふさわしくなることしか術がないのだ。

ここでシェレールが現代思想の本質的な主張として言いかけていることは、私が共生という言葉を解釈してきたこととは大いに異なる。私はそれぞれの個人が自分の特性を保持しながら、相互に寛容の精神を発揮して互いの差異性を受け入れ合うといった姿を思い描いていたのだが、これでは自己同一性を保つことが主になってしまう。他者を受け入れる、あるいは他者に合わせるのはせいぜい自己の周辺的能力である。

シェレールの言う「他者への生成」は他者にふさわしくそのつど変化する（になる）を要求し、自己同一性の余地を残さない。しかし、もしそれが先の章で私が述べたような分散的思考をする分散的自我であるならば、そのつどの場面で「ふさわしく」生成する能力さえも残されてはいまい。

残された解決は、一切の自己内容の同一性を断念しつつ、土戸敏彦が言うような「一人称の私」の意識の統覚能力だけは保持することだろう*。これなら場面ごとの、そのつどの「他者にとってふさわしい在り方」を取りながら、一切の固着的な自己内容を放棄できる。仏教的な無我の境地にたとえられようか。

ここで述べたような「そのつど、他者へと生成する」ことで成り立つ歓待そして共生は、これまで語られてきたような道徳性や社会性といかなる関係にあるだろうか。

まず目につくのは一貫性をもった自我が社会的責任を引き受ける、といった道徳観が退けられること

* 土戸敏彦「心脳問題における意識の二重性をめぐって」『教育基礎研究』第六号、九州大学教育基礎学研究会、二〇〇八年、三五～五四頁。

である。このような道徳は、他者の多様性、他者の困窮の多様性に対して、委細かまわず自我の社会的役割に割り当てられた対応のみをその人の責任とし、それに該当しないものは無関係とする。当然、他者を歓待できることもあればできないこともある。自我が変わらないのだから、当然の帰結である。この場合に共生が何とか成立するとすれば、それぞれの自我が自他の差異からくる軋轢を「耐え忍ぶ」ことによってであろう。共に生を楽しむ図はない。

一方の「他者へと生成する」ことで実現する共生の場合、歓待される側、する側の双方とも、何の忍従もない。必要なのは自己一貫性あるいは統合性への固執の放棄のみである。

この場合の心配としては、歓待する側には客の必要に合わせるという規則が成立しているが、その大本の客の側の必要については、何の規則性もないことである。人間の衝動の発露に任せるという完全な自然主義で、果たして道徳に類するものが実現するのかどうか。かつて個我が担っていた責任ある役割行為による秩序維持はどうなるか。社会秩序への固執も自己一貫性への固執も、一緒げにかなぐり捨ててよいものかどうか。固着固定した秩序を放棄するとしても、動的な歓待の規則は構築していく必要があるように思えるのだが。少なくとも、複数の客に対しての歓待の資源が絶対的に乏しい場合の優先順位の付け方とか、資源の分割方法とかの規則は場当たりでは済まないように思えるのである。（何とレヴィナスの前期から後期への論点の移行に類似していることか。他者の顔へのそのつどの絶対的服従から、複数の顔の命令の前での優先順序の考慮への推移のことである*。）

異文化人の歓待は、それなくしてはそもそも異文化交流が始まらないものである。いや、争いでも交易でも異文化交流だと強弁することはできる。しかしそれはあるいは覇権の、あるいは物品のやり取りであって、心の絆の形成ではない。そうしたやり取りから始まって、徐々に気持ちのやり取りへと発展するのだ、という説にごまかされてはならない。そうした推移は自然と起こるのではなく、決然と歓待の行為が選択された時にのみ移行が起こるのである。それは非連続の推移なのだ。

したがって、教育によって歓待をなさしめようとするならば、覇権や物品のやり取りはそれ自体としては人に全き充足を与えることができないことを経験によって感知させ、同時に異文化人に心を開くことを、行為でもってなさしめる必要がある。門戸を開き、食事を与え、寝床を用意することを、心をこめて実行させるのである。「心をこめて」というのは、交易のやり取りと全き贈与とは異次元の事象だということを示すためである。精神主義に与するものではない。

ところで、歓待することは国際平和主義を唱えることでもある。国家主義、国民主義、民族主義、領有権争い、こうしたものは歓待の精神の対極である。万民は世界中のいずこでも歓待されるべきであり、領有域（国境）を閉鎖することで維持されるような平和は、まがい物の平和でしかない。自己文化を持つことと領有域を閉鎖することとは、まったくの別事なのだ。

以上のように、異文化交流教育の真髄は、人と人、集団と集団の垣根を取り払うことにあるが、ここ

＊　Ｅ・レヴィナス（Emmanuel Lévinas, 1906〜1995）『全体性と無限』合田正人訳、国文社、一九八九年を前期の主著とすれば、『存在のかなたへ』合田正人訳、講談社学術文庫、一九九九年が後期の主著である。

で私たちは最後の難問、教育の究極の問題に行き当たる。それは私たちの人生における理想の在り方、あるいは真実の在り方は何か、という問題であり、教育が追究すべき人間像あるいは人生像は何かという、古くからの問題である。

私たちは振り出しに戻ってしまったのだろうか。そうではない。少なくともこれまでの考察は、私たちをあれかこれかのジレンマにまで追い込んでくれた。「人は一貫した統合的自己を保持すべきである」と「人は一切の我執を捨てて、そのつどの他者とのそして自然との調和を形作っていくべきである」との間のジレンマである。

前者が近代的自我観、人間観であり、後者が前近代的あるいは後近代的自我観、人間観だと言ってみても、答えに近づいたわけではない。

私はこの問題は教育研究者としては解くべきではないと思う。それは一人ひとりの教師、親、子どもがなすべき選択だと考えるからである。

3　歓待と異化

異邦人あるいは異文化人を歓待することは、自らの同一性への執着を捨てて、他者になることだ、と言う。いかなることか。シェレールの指摘するところでは、J・ジュネは自己としての「深い存在」から政治的アンガージュマンによって開放される。「ジュネをパレスチナ人や黒人に接近させ、彼らの非ー生を受け入れさせ、ついにはパレスチナ人や黒人に「生成する」までに至らせた」（二二一頁）のはそれなのだ。これはその他者に同一化することとは違う。同一化であれば、ジュネは別の新たな役柄に執着することになってしまう。ここにあるのは軽やかさ、人物としての存在の重みや深みから軽やかに逃れることなのだ。真の孤独こそが真実や他者との交流に入る手段なのだ。

　これはコスモポリタンとしての在り方をせよ、という思想と受け取ってほぼ間違いない。あらゆる民族主義、国家主義、そして家族主義からさえも身を振りほどくことが必要である。あらゆる党派性への決別は、同時に他者との共存ならぬ併存さえへの忍耐、寛容さを持つことであり、これこそが人間共同体を基礎づけることができるのだ。

　さて、教育の領域にこの考えを持ち込むとどうなるかを考えてみよう。

　他者、異文化人に寛容になれ、と教えることは、自文化に執着するな、と教えるところまで展開できるだろうか。シェレール／ジュネの教えるところでは、「他者へと生成する」ことが大切である。ところで、この「他者への生成」は「他者への同一化」とは異なるものであった。他者になるのだが、他者になりきってしまうのではないのだ。部分的に他者になり、また、部分的には自分自身でもある。少なくともこの特定他者に固着してしまわない余地としての自分を残す。そのような軽やかさ、多様多元的なあり方が肝要だということであろう。

　大人の場合には、この考えは比較的受け入れられやすいが、子どもの教育については一抹の心配が付きまとう。と言うのも、子どもは自己文化から自由になる、あるいは自己役柄から自由になることよりは、先ずもって自己文化、自己役柄を習得して身に付けようとしている存在だからである。何かに執着することなくして、それを習得するというのは困難である。逆に言えば、やっと習得したものには愛着がわく。それだから、子どもに、自己文化に執着するなと言うのは無理がある。せいぜい、自分が自己文化に愛着を持つように、他者には他者の文化への愛着があることを分からせるくらいである。これができれば、他者への寛容の精神を培うことになろう。何せ他者は真実を持っているかも知れないのだから。

問題は、果たしてこの原則を集団教育の形をとっている現代の学校教育において貫けるか、である。多くの集団教育の場では、すべての子どもに「真実」を教えることになっている。子どもがいかに個性に満ちていようとも、「真実」は定義からして共通であり、同じものである。無論、「真実」の形は無数にあると言っても間違いではないから、それぞれの子どもにあった「真実」の形を選んで教えるというやり方は可能である。A君には一桁の加法を教えるが、B君には三桁の加法と減法を教えるというのは、A君とB君に能力差が歴然としているのであれば、理にかなっている。しかしこうしたやり方で、「個性」に合わせようとすると、どうしても個別教育・学習の様相が入ってこざるを得ない。画一的に教育・学習をすべての子どもにおいて進行させるという意味での集団一斉教育は無理である。

今述べたのは、集団教育ではあるが、実際はそれぞれの子どもが違ったテーマに取り組んでいる、あるいは違った難易度の問題にマイペースで取り組んでいる、という図であった。特に小学校で一斉授業の形が難しくなったと指摘されて久しいが、子どもの成熟度のムラからしても、当然のことである。昔はやれていた、というのは錯覚であって、ただ、分からない子どもが我慢していたに過ぎない。テーマ別、進度別の小グループ、時には個人別にしてのコーナー学習という今日の一般的な教室での在り方は、自然な成り行きと言ってよかろう。

ところで、これはある意味で集団教育の全否定である。前記の形態では、集団教育・学習には何のメリットも認められていないからである。これに対する異議申し立てになっているのが、協同学習の考え方、やり方である。

協同学習には様々なバリエーションがある。古くは学級が一体となって学習に取り組み、内には班対抗で競い合い、外には他の学級と成果を競い合う「集団主義教育・学習」が有名である。これはその滅私奉公的な精神性がややもすれば教師崇拝、リーダー崇拝に堕落する傾向があり、「個性教育」を説く片岡徳雄らによって徹底的に批判された*。

協同教育・学習はこの「個性教育」の盲点を突く考え方であり、やり方である。個性教育は良くも悪くも個人主義的である。少なくとも集団教育・学習のメリットは一切評価されない。協同学習では集団達成やリーダー崇拝に疑問を呈しながらも、互いに支えあい、互いに刺激し合う集団での学習のメリットに敏感である。集団達成にも意味があるが、教育の観点からすれば、集団協同学習が個々の子どもの成長を「個別学習」よりも、よりよく培い、促すことにこそ意味があるのである。（ちなみに、先述の片

＊　片岡徳雄『個性を開く教育』黎明書房、一九九六年、『個性と教育』小学館、一九九四年。

岡徳雄の個性教育は、この協同学習の視点をも取り込んでいる。）

協同学習のメリットとしては、様々な形でのかかわりや話し合いにより、仲間の視点の他者性から刺激を受け、他我性から支えを受けて、それぞれの子どもが自らの知性や道徳性や感性を豊かにしていくことがある。先に述べた受容的・呼応的かかわりや認知葛藤的かかわりはその代表的なものである。ヴィゴツキー派からは「最近接発達領域」のかかわりが賞揚されているし*、レイヴとウェンガーからは「正統的周辺参加」学習が提起されている**。対人的かかわりや共同体への参入といった、人間の社会性を生かした教育・学習であることに注目すべきであろう。

さて、自己同一性に執着せず、軽やかに他者に「生成する」ことと、これら協同学習の思想と方法とは整合しているだろうか。しかりである。

協同学習や相互支援、相互刺激による学習の成否は、自他が異質であるにもかかわらず、互いの隔壁がさほどに厚くはなくて相互滲透可能であるという、この微妙なバランスにかかっている。自己は他者であり、他者ではない。この自己撞着的なバランスが鍵をなしているのである。「他者に**なる**」とは、他者に共振し、同質性に敏感であることで、相互の通路を確保し、その通路に自己から、あるいは他者から異物、異質物を通すことなのである。

歓待の思想から教育・学習に直結する教訓を引き出すことは容易ではないが、それでも前述のように、自己の殻を固めすぎてはならない、という教えは導けよう。これが自己同一性を、あるいは自己そのものを放棄せよ、という極端にまで連なるのかどうかが難しいところだが、私としては次のようなありふれた解釈を採用したい。つまり、人を歓待するにはそのための場所、例えば我が家がなければならず、適度の閉鎖性が必要となるが、あくまで適度であって、客を迎え入れるための門戸は開くのでなければならない、と。要は、開かれた自己性である。矛盾した表現のきらいはあるが、それでも歓待はジレンマを含みつつも事実として実行されているのである。

教室への歓待を考えてみよう。クラスに迎え入れること、席を与え、教材を与え、交流の輪を与えることなどがその主要素であろう。歓待が具体的生活財の供与であったことからすれば、教室への歓待のなかでも抽象的な掛け声に終わりがちな交流の輪の具体性が大事であろう。先に述べたピア・カウンセリングはその一例である。もちろん、給食やトイレ、更衣室といった基本的生活財の保証は前提である。教師や友人に歓待されて学校生活をはじめ、メンバーシップを獲得し、今度は友や後輩を歓待する、これが教育での歓待の基本形であろう。される側からする側へ移行することは、生成による異化ではないかもしれないが、少なくとも異人関係から他我関係の方へ軸足がずれていったように思えるのである。

＊　L・ヴィゴツキー『思考と言語（上）（下）』柴田義松訳、明治図書、一九六四年、『精神発達の理論』柴田義松訳、学文社、二〇〇五年。

＊＊　ジーン・レイヴ（Jean Lave）＆ エティエンヌ・ウェンガー（Etienne Wenger）『状況に埋め込まれた学習』佐伯胖訳、産業図書、一九九三年。

4　異文化人支援としてのケア教育

幼児とか障害児に代表される弱者の教育においては、支援とかケア（配慮）の構えが重要になる。そこで支援教育と呼ばれるもの、ケア教育と呼ばれるものを異文化交流の視点から洗いなおしてみよう。

支援教育については、障害児教育において特別支援学級、特別支援学校の現行制度が二〇〇六年に公布され、翌二〇〇七年から実施されているが、理念として「障害の有無や他の個々の違いを認識しつつ様々な人々が生き生きと活躍できる共生社会の基礎となる」と謳われていることが注目に値する。本人の主体性を尊重しつつ、可能な援助の形を探っていこうとするものであり、続いて検討するケア教育の精神とも重なる。特殊教育から特別支援教育への移行は、先に述べたインクルージョン教育への第一歩と位置づけたときに、そしてその時にのみ十全な意味を持ち得るだろう。

看護学や教育学の分野で近年ケアの概念が取り上げられることが多くなった。メイヤロフやローチの看護学*ではキリスト教の精神を背景として、患者の価値が至高であり、それに対する無限の奉仕こそがケアだとされる。近くにいる困窮者に心を配ることは、神意にそうことなのである。ここでは、献身は自分の人生を充実した意味で生きることである。

無神論的な立場からのケア論としてノディングスのケア論**を見てみよう。彼女によれば、ケアの行為は弱者を前にしたとき、自然と没頭していくものとなる。そこにはなんの超越的命令も必要ない。

義務になってしまったケア行為は、もはややまがいものだと言うのである。

しかしこの他者への専心没頭が、「私の」疎外でなく充実であり喜びであると、何を根拠に言えるのか。ローチならば、そこに神意を見、それに従うことに無上の充実を見出せるだろう。しかし、神意を認めないノディングスには何もない。ただ自然な感性への信頼表明があるのみである。だが、感性を言うならば、ケアが自愛の傾向性と衝突しないという保証はどこにもないのである。この点について、ノディングスは「倫理的現実」に忠実かつ敏感であれ、という命法を発して、一旦は遠ざけたカント的発想に再接近する。他者との具体的な現実状況の中で、「あたかも自分に〈善さ〉が備わっているかのように考えて行為する能力がある」と言うのである。これと、かの「為すべきであるが故に為し能う」実践理性とどれだけの違いがあろうか。

さて、こうしたケア論、ケア教育の考え方を異文化交流の視点から見ると、何が見えてくるか。先ず、メイヤロフとローチのキリスト教を背景とするケアであるが、ケアする側はケアされる側を同化可能な者と信じているようである。であればこそ、十字軍のような、あるいは後の帝国主義的侵略のような、

---

* シモーヌ・ローチ（Simone Roach）『アクト・オブ・ケアリング』鈴木智之・操華子・森岡崇訳、ゆみる出版、一九九六年、ミルトン・メイヤロフ（Milton Mayeroff）『ケアの本質』田村真訳、ゆみる出版、一九八七年。

** ネル・ノディングス（Nel Noddings）『教育の哲学』宮寺晃夫訳、世界思想社、二〇〇六年他。

あからさまな軍事的支配による教化、キリスト教への同化を企てることなく、神意にそう献身への没頭が実を結ぶことを疑わないのである。困窮者たちは、その現状によって神の愛を、つまりはその僕のケア行為を受け入れるように強く促されているということだ。

ノディングスの無神論的ケアの考えにも、この同じ解釈が通用しそうである。困窮者たちは、その現状によって神の愛ならぬ人の愛を、つまりは身近な人のケア行為を受け入れるよう強く促されているのである。

このケア行為の受け入れによって、前者の場合は信仰という文化領域の同化が起こる可能性が高い。同じケア行為の受け入れであっても、後者の場合は特定の文化的背景が無いから、受け入れた側は元来の自文化を再活性化するかも知れないし、ケアしてくれた人の文化に魅了されて、文化変容を起こすかも知れない。

理論上は別の類型の異文化交流ということになりそうだが、前者の場合とてケア行為にいつも「神の愛」のラベルが貼ってあるわけではないから、結局のところはケアは総体として、受容的・呼応的かかわりに近い異文化交流になるように思われる。それは本質において、歓待による共生、つまり無条件贈与による共生の基礎づけをめざしているのである。

第11章——差異認識を超えて共生の方へ

1　異文化性を感知するのはどのようなときか

個人間で、あるいは集団間で相互に異文化だと感知するのはどのような場合かを考えてみよう。文化というものを集団に共有された行為様式、思考様式、そして感性の様式と定義したのだから、相互に異文化に属していると感じるのは、相手の行為、考え、感じ方が「分からない」ときである。しかし、「分かる」とか「分からない」というのは、どのような場合か。自分と同じ行為様式、思考様式、感性の様式であるときに「分かる」と感知し、異なる場合に「分からない」と感知するのだろうか。

一見したところ、当たり前ではないかと思えるこの答えも、よく考えてみると妙なところがある。それは他人の行為や思いや感じ方を知るのと、自分のそれらを知るのとでは、やり方が違うように思えるからである。つまり他人のそれらは「外部から」観察して知るのに対して自分のそれらは「内部から」直接的に分かってしまうように思えるのである。

しかしこの外からの観察知と内からの直接知との対比も、見かけほど明快な区別にはなっていない。観察知が内面知と同等で相互に変換可能でなければ、他者のそれらが分かることはありえず、分からないのは自明だということになる。ところが分かる場合もあれば分からない場合もあるということは、この二つの知の様式が相互に変換可能なこともあれば不可能なこともあるということだろう。

フッサールは『デカルト的省察』*において、他者の身体像をはじめとする外面知が、自分の身体像や行為像（これは外面からも内面からも分かる）と似ているために、感情移入が可能になり、他者も身体機械ではなく私と同等の人間主体なのだということが分かるとした。しかしこの感情移入と類推による解読も、あまり評判が芳しくない。現実に私たちが感知する他者の意志の存在感の迫真性を説明するものとしては、どうにも物足りないからである。

後期フッサール現象学を継承、発展させたといわれるメルロ゠ポンティの場合**、私の身体と他者の身体とは相互に共鳴し合うネットワークをなしており、この間身体性の存在のおかげで、他者の思いや行為は内面の意志とともに私の身体に響いてくるのであり、「内側から」分かるというより「間から」分かるのである。

メルロ゠ポンティの身体共鳴説よりもより真に迫った説明たりえていると思えるものに、リシールに学んだ村上靖彦の視線触発説がある***。視線触発というのは「見られている」という動物的感覚が原型である。弱小動物が捕食動物の危険を察知する本能的能力が原型だが、この延長上に「聞かれている」とか「知られている」とか「呼びかけられている」とかの感覚があり、こうした受動性の感知によって初めて、私の実在感が与えられるというのである。要するに、私の存在よりも他者の存在が先行し、この他者の私に対する能動性の感知が、私の実在感を生じさせるということなのである。他者の意志は私のそれに先立って分かってしまうのである。フッサールでは先ず分かるのは私であり、メルロ＝ポンティでは先行するのである。(母に見守られる幼児にとって、母の実在感は自分のそれに先行するのである。）以上を要するに、フッサールでは他者感知が先行するのである。自他同時的であり、リシール／村上では他者感知が先行するのである。

文化についての表現に変換してみよう。フッサールでは自文化感知が基礎になって異文化の感知が起こる。メルロ＝ポンティでは自文化と異文化とは同時的に感知される。リシール／村上においては異文化感知が基礎になって（それに触発されて）自文化感知が起こる。一連の考察を経た今、リシール／村上の異文化の触発によってこそ自文化の感知が起こるとする説が最も実りの多い着眼に思える。あとになって言うのも変な話だが、異文化交流が人間形成の基礎をなしているとする本書の執筆を企てたの

＊ E・フッサール（Edmund Husserl, 1859～1938）『デカルト的省察』浜渦辰二訳、岩波文庫、二〇〇一年。

＊＊ M・メルロ＝ポンティ（Maurice Merleau-Ponty, 1908～1961）『知覚の現象学（1）』竹内芳郎・小木貞孝訳、一九六七年、『知覚の現象学（2）』竹内芳郎・木田元・宮本忠雄訳、一九七四年、『見えるものと見えないもの』滝浦静雄・木田元訳、一九八九年、いずれもみすず書房。

＊＊＊ 村上康彦『自閉症の現象学』勁草書房、二〇〇八年。

も、根底において類似の直感が働いていたようにも思える。自分と異なるものとの出会いと葛藤からくる刺激こそが自分の成長の源だという認識が出発点だったからである。

蛇足ながら、この刺激の強度が一定の範囲に収まって初めて成長を促進することを記しておきたい。強すぎる異物性（他者性）は刺激になるよりも破壊的に作用してしまうし、逆に弱すぎた場合は刺激感受の閾値に達せず、無効なのである。さらに言うならば、強すぎた場合でも主体が目を閉じ耳を閉じるという防衛的態度に出た場合は、これまた刺激は無効になってしまう。教育技術の観点からは、重要なことである。

2　文化的差異と社会的差異

一般的に言って、子どもは異文化の只中に生まれおち、以来、何らかの学習によってその一部を習得して自文化とする。とすれば同じ日本の学校文化や地域文化で育った在日韓国・朝鮮人の子どもは、特別に民族教育に出会うことがなければ、日本人の子どもと容易に共存共生が可能になるはずである。ところが、中島智子の研究*によると在日は文化的には日本人と同じであっても、社会的に大きな差異で迎えられる。結婚差別、就職差別のたぐいである。これを機に、いったんは身につけた（自文化化した）日本文化を改めて自らの文化からはずそうとする若者も多いのである。

ちなみに箕浦康子**によれば、九歳から一三、一四歳ころにかけてが文化の感受期であり、この時期の文化環境は容易にアイデンティティに浸透する。これに後続する社会的差別こそが、共生を妨げる第一の障害物であろう。

こうした事情からすれば、共生をめざす教育は共生の哲学的、倫理学的大理念を掲げるよりは、身近な問題を一つひとつ解決していくこと、矢野泉の表現では***「一気に理想的なテーマ設定をして大ハードルに挑むより、生活に即した小さなハードルに分割して、いくつも飛び越えていく」のが賢い共生の技法だということになる。

以上で述べたのは、子ども期までに環境文化の内在化を果たした人たちが主として青年期の社会的差別の中で、それを再度異文化化しようとする複雑な心理的動きであり、それに見合った共生教育への示唆であった。

これは、先に検討した異文化葛藤に起因する人格形成とは種類が異なる事象であるので、別記した。社会的差異（差別）と文化的差異（異文化葛藤）とは、主体としての子どもに及ぼす作用も似て非なるものがある。

* 中島智子「日本の学校における在日朝鮮人教育」小林哲也・江渕一公編『他文化教育の比較研究』九州大学出版会、一九八五年、第一三章。
** 箕浦康子『子供の異文化体験』新思想社、二〇〇三年。
*** 矢野泉「他文化教育における教師の役割」『教育学研究』六一巻三号、一九九四年、二六二〜二七〇頁。

差別などの社会的差異は一般に可視的な苦痛を与えるものであり、人格的なあるいは制度的なその出所に対して反撃に出ることも可能である。一方の文化的差異の場合、可感的な苦痛をもたらす点では変わりないが、敵を特定しがたいのである。苦痛の原因が異文化を使いこなせない自分の方にあるように思えてしまうので、敵の対象化は起こりにくいわけだ。これは主体が孤立状態にあるときに特に顕著な現象である。社会的差別の場合でも「差別されるのは朝鮮人である自分の方に非がある」という考え方をする場合もないではないが、ごくごく稀であり、敵の攻撃（差別）の不当性に目が向くのが通例である。教育的対処も自ずと違ったものになろう。

3 「自律」の思想と「弱さ」の思想

自律の思想については、これまで詳しく述べてきたので、ここではまず「弱さ」の思想とは何かを述べよう。

金子郁容は「合理性と弱さのジャンプ」と題する論文*の中で、合理的行動の限界と（……）「弱さ」の飛翔について解説を試みている（一三五～一六九頁）。結論的にいえば、強きものの利己的な行為群の合理的調和を図ることはゲーム理論的には破綻をきたし、そこでこそ弱きものと支援スタッフの信頼のコミュニティの価値が光ってくるということである。支援者との協同コミュニティだという点に留意しておく必要があるだろう。

北海道の浦河にある精神障害者たちのコロニーである「べてるの家」が『弱さを力に』や『降りていく生き方』といった本**を出して、その独特の生き方を勧めている。また、立岩真也は『弱くある自由へ』***を出版して、まともに弱さと自律の両立を問うている。論旨がぼやけることを覚悟の上で言うならば、これらの論者の共通点は、弱さが他者（横並びの人、あるいは支援してくれる人）との連帯関係、信頼関係を築くに至れば、随分と光ってくるということだ。それは自律、自己決定と他者への依存を対立関係においてしまうのではなく、いわば相互依存関係の中の自律判断遂行者になることだ。自己決定にしゃかりきにこだわることのない自律判断の勧めだ。

べてるの家の人々の「降りていく生き方」は、世の中の「成功した生き方」の追求の空しさを悟り、自分たちの苦境を「自ら選びとった生き方」にしてしまう。これは決してやせ我慢のたぐいではなく、仏教の解脱に近いものではないかと思われるのだが、彼らはその生活態度を、決して構えることなく自然にやってのけるのである。これは理論によってではなく、彼らの一つひとつの具体的生きざまによって示されている。立岩の論が理論書でありながら、総論なしの具体的各論で構成されているのと同じこ

---

* 金子邦容「合理性と弱さのジャンプ」川本隆史編『新・哲学講義6』岩波書店、一九九八年、所収。
** 向谷地生良『「べてるの家」から吹く風』いのちのことば社、二〇〇六年、横川和夫『降りていく生き方』太郎次郎社、二〇〇三年。
*** 立岩真也『弱くある自由へ』青土社、二〇〇〇年。

とだ。状況づけられた「弱きもの」の自由の行使は、一つひとつの対処法、切り抜けの方法を省いては語れないのだろう。

この「弱きもの」の生きざまは、支援者側と相互依存と信頼の関係を作り上げている点でまさしく異文化共生であり、より厳密には異文化融合型の共生である。自律の形が少々ぼやけるのは致し方なかろう。

4 心を変えるか世界を変えるか

「個人が状況の中で抱える様々な問題を、個人の内面の問題へと還元してゆくのがカウンセリングの技術である」(一六六頁)。「学校が息苦しい、と子どもが訴えるのは、学校という環境とそこにいる自分の気持ちを含めた、自分の『生活』についてなのである。しかしその生活全体にではなく、その一構成要素である本人の『感情』に焦点が当てられることによって事態は作り変えられる。つまり本人の『感情』こそがその問題の中心である、という設定がなされてしまう。クライアントは自分の置かれた状況・環境から目を離し、自分の内面、心の内側のみを見つめてゆくところに置かれる。これが中島の言う『問題設定のすり替え』である」(一一六頁)。

以上で引用したのは中島の問題提起を反芻した小沢牧子の文である*。問題自体は内省という行為様式の発明にまで遡れる古いものだが、決着がついているわけでもないので、私たち自身の問題に引き付けて、改めて考えていきたい。

私たちのめざすところは「自律」と「共生」の習慣を身に付けることであり、共生に伴う様々な対立葛藤を解決しながら、生き抜いていくことである。決して世界の問題を心の問題にすりかえたわけではない。しかし、例えば、私たちの考察の中核とも言える認知葛藤のメカニズムの説明において、かなり際どい表現をしている。「異文化（人）との出会いがもたらす葛藤において、相手の考え方や批判的言動に反発して対抗するのではなく、それを自己を見直す機会とすることができれば、それは自己の自明化した行為様式（自己文化）を揺るがし、ひいては自己変革をもたらすであろう」。これがその大意である。これは自分の現在の自明化した行為様式の変革が必要だとしている点で、心の変革、態度の変革をめざすカウンセリング心理学と類似した主張である。何が違うか。

意識的、あるいは無意識的な内省が起こっている点では両者は同じだが、そのきっかけとなった他者の言動が、カウンセリングでは受容的、調和的であるのに対し、認知葛藤では文字通り対立葛藤的、不協和的である点がまず目に付く。鎮める言動と煽る言動とも言えよう。

受容されている安心感に寄りかかりつつ内省が始まるのと、認知的不協和からくる不安定を克服すべく内省が始まるのとの違いである。支えられているか揺さぶられているかの違いとも言える。

この違いは重要である。と言うのも、支えられての内省の場合は自己肯定が生じやすいし、揺さぶら

＊ 小沢牧子『心理学は子どもの味方か？ 教育の解放へ』古今社、二〇〇〇年。

れての場合は自己否定と言わずとも自己批判が生じやすいからである。前者では自己の無変化あるいは安定化が促されているのに対し、後者では自己変容こそが促されているのである。

初めの問題設定に戻ろう。「カウンセリングではクライアントは自分が生きている世界を見つめ、働きかけることではなく、ひたすら自分の心を見つめるように促されている。」この問題のすり替えでは解決はおぼつかない、というのが小沢のカウンセリング批判の要旨である。現状が苦しいからカウンセリングを受けたのだろうが、そこで安心感を得てしまって現状の肯定的受容に転じるのであり、（無用の）争いを放棄したところで心の平安を得るのだから、問題解決は外部世界では起こっていないが、内面世界では苦痛から安寧へという形で起こっている。カウンセリング批判者からすれば、これはにせものの解決であり、外部世界の変容でこそ真の解決が得られるのだというわけだ。

しかしよく考えてみれば、この見解もそれほど確実な真理というわけではない。問題そのものの認識は主観と客観の出会いが一定程度の不調和を伴っているときに生じるのであり、先のカウンセリング批判の立場に含まれている「問題は客観的な外部世界に生じている」かのごとき主張は一面的だと言わざるを得ない。問題解決は主客の調和の再構築こそにあるのであり、外部に客観的に存在するとするのも、内部に主観的に存在するとするのも、共に一面的なのである。

内外の調和の再構築という観点からすれば、現在の自己の世界に対しての構えを変えていくのが基本姿勢であるが、その極限値として変化ゼロというのもあり得る。カウンセリングに促されての自己肯定はそのようなものの典型だ。とすれば何ゆえに「カウンセリングは外の問題を内の問題へとすり替える」と批判されるのか。内は変える必要がない、としているのではないのか。問題はここである。

カウンセリングの促しは、自己肯定への促しだが、それは無変化ではなく変化なのである。つまり、それ以前のクライアントは内外の不調和に面して、「自分の構えや感じ方が悪いのではないか」と内省する傾向があって、それで苦しんでいた、あるいは外部にばかり問題を押し付けていたが、埒が明かないので苦しんでいた（問題の核心への問いの建て直しを迫られていた）のだが、カウンセラーの支えを得て、「自分ばかりが間違っているのではないのだ」という自己肯定に転じたのである。つまり、認知葛藤においては、安定していた認知的構えが変化したのに対して、カウンセリングにおいては、不安定であった対世界の構えが「安定」したものへと変化したのである。「安定から揺らぎへ、そして再度安定へ」と「不安定から安定へ」の違いであり、両者の違いは始まりの位置の違いなのである。カウンセリングのクライアントは始まりにおいて第二位相にあったわけである。

心と世界のつながり具合が文化である。自文化を異文化化して認識対象とするだけでなく、それを再度生きられる構造としての自文化化することが課題なのである。

5　寛容と歓待と会話（共生の作法Ⅲ）

結論的に見通しを述べれば、寛容と歓待はともに他者（異人）に対する好意的態度であるが、寛容が消極的な共生の実現法なのに対し歓待は積極的な共生実現法だという違いがある。寛容がトラブル回避の技術であるのに対して歓待は隣人性の構築術だということである。

私たちの日常生活の経験や常識が教えるところでは、トラブル回避術の基本は相手との距離をとることであり、隣人性の構築術の基本は交流である。つまり接近であり接触である。しかし過度の警戒は、トラブルは避けえても持続的な冷淡さや無関心を生じさせようし、過度の接触や接近は関係破壊のプライバシー侵害の元となる。常識では、隣人との付き合いの秘訣は「適切な」距離を保つことなのである。

ところで、寛容の中身は具体的には他者の文化の尊重であり、そのアイデンティティの尊重であった。後者は距離を取るだけでも実現できるが、文化の尊重はそうはいかない。相手からの距離を保つだけでは尊重していることにはならないのである（少なくとも共に生きるものとしては）。

文化は身体的あるいは精神的な行為の様式であるから、他者の振る舞い方や感じ方、考え方を突き放すのではなく、逆に積極的にそれらを理解し反応することが大切である。相手の文化を理解するとは、何をさておいても適切に反応することを覚えることである。相手の行為と「歯車がかみ合う」ことが大切なのである。

ここで「歯車のかみ合い」の中身をつまびらかにする必要がある。相手の行為の意味するところを理解してそれに反応してこそ「かみ合い」が生じるのであるが、意味の無理解や誤解に基づいて反応した場合には、彼我の行為のかみ合いが起こっているからこそ無関係ではすまず、相手の行為そしてその意味作用に対する妨害になってしまう。彼我が互いに異文化人である場合にはこのような無理解や誤解はいわば当たり前の前提であるから、この時に生じる妨害が間違っても相手のアイデンティティを否定するような深刻なものにならない工夫が必要である。

ここで「敬して遠ざける」に逆戻りしてしまわない方策は何か。対話による確かめしかないように思える。自分の反応がなぜ、どのように相手の行為の妨げになってしまったのかを自分の落ち度である可能性を自覚しながら問い訊ね、共に考えるのである。ことはコミュニケーションの機微にかかわることであるから、相手も正解を持ち合わせていないことは十分にありうる。それでも訊ね続けることは相手のストレスにもなるが、それを乗り越えて双方が共同行為として「正しいかみ合いかげん」を探求し続けることが肝要に思える。そしてこの会話の遂行そのものがこの探求行為になっていることを考えれば、私たちのもくろみには十分見込みがある。

この見込みは彼我が会話行為様式という部分文化を共有している可能性にかかっている。会話の意味作用は行為全般の意味作用に支えられて成り立っているのが普通であるが、この上部機能が行為全般におけるかみ合い不全という下位機能のトラブルの解明に有効だと考えているのだ。そしてこの会話文化の共有制の構築は、他の行為全般の支えが不全な場合でも遂行できるのである。

例えば電話で会話している場面を考えてみよう。ここでは会話以外の非言語的情報はほぼすべてが機能していない。対面会話のような非言語的情報の支えがない。しかしそれでも言語的会話のみによって不十分な状況情報を補いながら会話の状況文脈を共同構築していくこと、そうして自らが構築した下部構造に支えられながら、探究という上部機能を作動させることが可能だというのが私たちの考えである。言い換えれば、私たちは異文化交流においては言語的交流に相互理解に向けての特権的な働きがあると考えているのである。

ところで、歓待論の説くところでは、こうした言語的交流特権論の逆、つまり生活の基本的要求を満たす行為、家へ迎え入れ、食事を与え、寝床を手配してやるなどの行為に異文化交流における特権的位置を認めていた。下部構造あるいは下位機能の重視である。

この二つの立場の見解の齟齬はどのように理解可能であろうか。調停可能であろうか。

下部構造重視、つまり人間の相互理解を支えているのは生物学的に根拠づけられた基本的要求を満たす申し出であり、これこそが無条件の好意の証として、異文化コミュニケーションを下支えするのだ、という考えは非常にわかりやすいものだが、共通言語がない、あるいは機能しない状況に限ってその特権性を認めることにすべきであろう。それというのも、共通言語が彼我の間に機能する状況においては、相互行為的な下支えが欠落していても「言語そのものが状況を共同構築する」ことによって、この欠落を補ってしまうことが少なからずあるからである。言語世界が十分緻密に立ち上がっておれば、それは行為的現実世界を代替するばかりでなくそれに意味的改編を付加することもある。コーデリア姫のリヤ王に対する心配りのやさしさは、そうしたものを見聞きしたことのなかった読者にさえ、「文学的言語に通じてさえいれば」十分リアルに感じられるのである。

結論として、私たちは歓待論の説く基礎的行為の重要性と、言語行為論の説く会話の重要性とを、相互補完的に捉えるべきだと考える。共通言語が機能する場合と機能しない場合に分けるのである。それによって基礎的要求の充足と言語的会話とのいずれを優先して用いるべきかは特定されるであろう。いずれにしても、寛容論は社会的集団間の軋轢回避のためには大きな力を発揮するだろうが、教育的な個人間相互作用においては、より積極的な言語的会話や基礎的相互行為、特に贈与行為にはるかに及ばないように思えるのである。より重要なことは、一見消極的な距離保全作戦で実現されるかに見えた寛容も、自他の共生をめざすことが前提になるや否や、相手の文化の積極的理解やそれへの反応様式の学習が必要になってくるということである。その場合に広範な有効性を示すのが歓待という共生の基礎的作法であり、さらにこれを補完するものとして会話による状況の共同構築があるということである。

興味深いのは、会話が濃密な関係状況の定義の能力を持つにもかかわらず、その働きが「相手との適切な距離を保ちながら」なされることである。

結論　――葛藤なき異文化受容か歓待による共生か

この題は少々奇異に響くかもしれない。この二つの異文化（人）に対する構えが背反的な関係にあって、二者択一を余儀なくされているのか、それとも場合分けによって両者が棲み分け可能になるのか、はたまた両者ともに克服して第三の構図を見つけることになるのか、それさえ定かでないところでとりあえず二者択一の問題を立てたからである。

とはいえ、この二つがこれまでの考察から引き出された比較的具体性を持つ異文化共生の形であり、対立・葛藤を最高度に低減した形であることには違いがない。比較吟味してみよう。

葛藤なき異文化受容の成立する主要条件を思い起こそう。影響源（たる人間）と文化情報そのものとが分離することがそれであり、これによって影響源たる異人と同一視されたり、同一化してしまう恐れから自由になって、情報だけを存分に享受できる、とするものであった。

一方の、歓待による共生がいかなる条件下で可能になるかについては、経験的な研究の蓄積がないだけに、受容側の精神論になってしまう恐れが多分にある。歓待はすべての来客に対してなされなければならないのであり、客の異質度や好感度に左右されてはならないとされる。これは葛藤なき異文化受容のときと同じく、相手の人間像や人格性を受容・非受容の問題から切り離してしまうことだが、大きな違いもある。それは、こうした人物像の切り離しの後、一方は非人格化された情報を享受するのに対し、他方は享受するのではなく（生活財を）贈与する点である。しかも無条件贈与である。ここでは異人たる客からの異文化情報の受容、享受は問題にもされていない。

しかし、無視されていることと、ないこととは同じではない。この場合、相手の人格性を無条件に受容することに重点が置かれているので、その人物からの文化的影響が付随するであろうことは隠れてしまっているのである。

私たちの理解するところ、両者はほぼ同型である。前者では「相手に攻撃や支配の意図がない」との想定（憶断）のもとに、人物性と文化情報との分離がなされていたが、後者では「相手は良き隣人になる」との想定（憶断）のもとに、贈与を行うことと人物性とが連関している。歓待はかの自己成就予言*のように、「良き隣人だ」と憶断して遇することによって、その相手を実際に良き隣人にしてしまうようである。確かにその相手が強盗に変身する可能性がないわけではない。しかしその予想は意識外に放逐されるのであり、この「悪の可能性」を現実の他者から切り離し、さらには忘却してしまうところに「歓待」の要点があるように思えるのである。この「悪の可能性」の切り離しと忘却は普通、お人よしと呼ばれる性格の持ち主に特有のものであり、この意味で歓待をなす人は道徳的に立派な人というよりは「お人よし」という方が当たっているのである。お人よしは歓待を自然になすのであり、有徳の人はそれを意図してなしうるのである。

一つ付言しておかなければならない。葛藤なき異文化受容においては、厳密には私たちは異文化を受容しても、他者をあるがままに受容して共存しているのではない。異人性に目をつぶることによって、その文化情報だけを享受しているのである。これは共生とは呼べないのではなかろうか。少なくとも互恵型の全人格的な共生ではない。

歓待については、事情が少し込み入っている。相手の異人性は善の可能性と悪の可能性の両方を含んでいるだろうが、歓待者はそこに善の可能性しか見ない。しかし悪の可能性を忘却したのかというとそうでもない。忘却するもしないも、可能性に過ぎなかったのである以上それはいまだ存在していなかったのであり、しかも自己成就予言によって善の可能性のみが実現してしまったならば、悪は始めから終わりまで存在しなかったのである。

＊ 自己成就予言は、社会学者マートン（Robert King Merton, 1910〜2003）の用語で、ある強い予言が行われると、無意識的にその実現への関心が高まり、それ向きの行動を取ってしまって、結果として予言成就に寄与することを言う（『社会理論と社会構造』森東吾・森好夫・金沢実・中島竜太郎訳、一九六一年、みすず書房）。

これは隠蔽ではない。これもまた互恵的ではないが、片務型の贈与の下、全人格的な共生が実現していると見なせよう。なぜなら異人の善性は歓待によって可能性ではなく現実となってしまったからである。歓待者は決して相手から目をそむけているのではないのである。

歓待者は自律者でもある。ここで言う自律者は広義のそれであって、健康な人格あるいは正常な人格とカンギレムが呼ぶものとほぼ同じだが、それは対環境関係での新たな調和点を設定する能力を本質とするものであった。自律者の対環境世界関係での調和再構築能力は、ここでは歓待として、自己成就予言風に他者の変容を引き起こす歓待として現れているのである。

まとめよう。「葛藤なき異文化受容」は共生社会の成立に大きく貢献しそうだが、その共生社会には実は共生する当事者たる異文化人が見当たらないのであった。

つまり異文化との共生はあるが、異文化人との共生はないのである。与えられた歴史的、地理的、社会的条件下でこの異文化受容が起こったなら、それを享受すればよいが、人為的、主意的に異文化人を排除して異文化のみを吸収するというのは、今日の私たちの課題ではなかろう。一方の「歓待」は異文化「人」を受容する主意的行為である。著しく当為論に傾いていて、客観的な状況分析、条件分析が伴っていない印象を与えるが、それも当然である。歓待はいかなる状況であれ、いかなる条件下であれ、他者との共生を構築する無条件の構えなのである。確かにそれが邪悪な他者の侵略に対してあまりにも無防備であることは歴史が教えてくれる。「他者は善良だ」という自己成就予言に頼るだけでは、共生の実現は心許ない。歓待可能な他者と歓待不可能な他者との識別法は必要である。歓待論はややもすると精神論に流れて、この条件分析を伴った識別法を軽んじる嫌いがある。自律者同士の異文化共生が成り立つためには、無条件歓待ではなく思慮深い歓待こそが必要だと考える。たとえ定義からして、歓待が常に計算を超過した行為であるとしてもである。自律的歓待者は識別や計算をしないのではなく、他者受容の可能性ぎりぎりのところで計算するのである*。

* デリダ（Jacques Derrida, 1930～2004）はこのような歓待の欺瞞性を徹底的に論難するが（『歓待について』産業図書、一九九九年）、私たちは逆に、このようなものを自律的歓待と呼んで、それを称揚する。状況外部的、客観的観察者の思慮ではなく、状況内部的な当事者の行為的思慮である。

補論　文化をわがものにすること

——異文化交流と習熟

異文化交流と習熟の関係を問う前に、文化と習熟の関係一般にふれておくべきだろう。文化習熟は学習そのものである。それも深みのある学習である。文化が共同体集団に共有されている行為様式や思考様式をさすとすれば、文化習熟とは一般的に言って、子どもの社会化、文化化という名の社会構成員の再生産の営み（巨視的に見た教育）に対応する子どもの側の学習行為であり、その成功形態である。

以下で論じるのは「習熟とは何の謂いか」であり「文化をいかにわがものにするか」である。

文化習熟は、行為様式や思考様式の身体化であり、それが半ば自動化し無意識化することだと言えそうだが、問題はそれがいかなる機序で起こるかである。ここでは、文化は子どもに対してはまとまった全体として現れるのではないことに着目した。それはまず断片知識（群）の形で経験される。この断片知識（群）がカテゴリーによって、あるいはパターンによって、はたまたリゾーム的機序によってグルーピングを起こしていったときに「関連世界」が立ち上がる。「文化」あるいは「文化世界」といってもいいだろう。この立ち上がりの機序がたとえ自然の力に依存していたとしても、ひとたび人の「行為様式」を経由すればそれは文化世界となる。文化とは、ある領域において関連する事象に意味を与えるものである。その与え方は、おそらくは私が「世界は事象に位置を与えることでその原初的意味の母胎となる」*と表現したのと似たものであろう。断片知識群のグルーピングによって世界は構造化されて立ち上がる。この構造化を推進するのが習熟だという予測のもとに「習熟とは何か」を問うてみよう。

習熟と身体知

辻本雅史は『「学び」の復権』**の中で、貝原益軒の教育思想の本質は模倣と習熟の過程の重視にあるとした。そして模倣と習熟を「身体知」の獲得だとして、言語知と対比させている。ここから「習熟」を解明する突破口として「身体知」なるものに着目するというヒントが得られる。言語知の身体知への変換、あるいは意識知の無意識知への変換に着目するのである。この場合の無意識知というのはフロイト的な「抑圧された知」という意味ではなく、半ば自動化して意識する必要もない「行為知」のことである。日本の芸道や武道において「型より入り型を出る」と表現されてきたのは、学習の本質が行為型の意識から無意識的（自動的）行為型への深化にあるということだ。

ここで少し厄介なのは、習熟前も習熟後も「無意識的」であり、意識的なのは習熟途上だけだということである。とすれば習熟前の無意識と習熟後の無意識を何をもって区別するか。意識様態では区別はつかないが行為型の有無は歴然としている。学習前の行為には問題の行為型が存在しないのに対し習熟後にはそれが出現しているのである。

習熟の要点として二つのことが明らかとなった。一つは無意識化、自動化であり、もう一つは行為型（構造）の存在である。この二つが同時に起こると、それは本能の発現とほとんど区別がつかない。それもある意味で当然である。獲得形質は遺伝しないにしても、ある行為型の習熟に有利な遺伝特性をもった個体（群）は自然淘汰を生き抜き、子孫を残すのに有利だったということは大いにありうることである。本能とは言わば何世代にもわたる習熟（無意識的自動行為型の獲得）の産物なのである。

行為と言葉

言葉を獲得する以前の子どもの行為は、適応的という意味では十分に知的でありうるが、ほとんどの場合、直接的、全体的な知覚に導かれている。換言すれば状況に支配されている。ヴィゴツキーの表現するところでは、

「知覚は視野の奴隷になっている。」／「言葉が介在するようになると、自然な全体的視野の中心以外に言葉によって新たに定着される中心およびその付随点群が現れる。」***。

---

*　岡田敬司『自律者の育成は可能か――「世界の立ち上がり」の理論』ミネルヴァ書房、二〇一一年。

**　辻本雅史『「学び」の復権』角川書店、一九九九年。

もしこの言葉を選んだのが当の子どもであれば、その子どもは言葉を媒介にすることで知覚の在り方を変えたのであり、知覚に導かれる行為も連動して変化させたのである。

この言葉が他者から発せられたのであっても子どもがそれを解しさえすれば同様の変化が起こる。この場合、行為は他律的に行われたといえるが、自律的になされた前者の場合と見かけほど大きな違いはない。外言が内言に変わったのと大差ない。外言は言葉が社会的共同行為場面で機能するのであり、内言はこれが心内化し、主体が無言で自己刺激する道具となるのである。これが主意的、自律的行為の出現である。

子ども、いや人間にとって自然的視野は定義上操作できないが、言葉と連結するとはじめはともかく、操作できるようになってくるのである。

したがって問題は言葉をはじめとする媒介手段によって、いかに操作不可能であったものが、次に意志的に操作可能になり、そして意志するまでもなく「自然に」操作されるようになるかであり、これを調べてみる必要がある。

記憶と言葉

ヴィゴツキーの見解によれば、直接的刷り込みによる自然的記憶と目印記号（結び目、刻み目、言葉など）を伴う文化的記憶との大きな違いは、前者が文字通り自然の成り行きに任せるしかないのに対し、後者ではこの目印記号によって人為的に記憶を喚起することができる点にある。つまり記号を体系的な道具として保持することによって、任意の記憶の刻印や喚起という操作が可能になるのである。

言葉は、最初は他者から刺激されまた他者を刺激する社会的手段であったが、後に有音無音にかかわらず自己が自己を刺激する道具となる。言葉の体系は刻み目や結び目とはケタ違いの多様な記憶と識別されて結びつくことができ、ここにおいて人はいわば任意の記憶を操作する可能性を得るのである。この記憶を元手に想像的変容が可能になってくる。人は事態の「かくあった」あるいは「かくある」だけでなく「かくあるべし」という目的像を持つことができるようになる。「かくあるだろう」という未来予測はこの変形である。感情がニュートラルになっている分だけより知性化しているといえよう。

記憶はそしてその喚起は、記憶像が自然的印象の刷り込みから言語記号との連結対応を深めていくにつれて、個人特有のものから社会的共有物に変わっていく。言葉は本来社会的に体系化されたものだからである。

このように記憶が言葉によって浸透され、社会化され、意図的操作に従うようになってくると、主体の行為も場面知覚によって自動的に惹起されるものではなくなり、様々な意図や目的意識にそった企てとなってくる。主体は場面知覚から自由になったのだと言ってよかろう。


***　ヴィゴツキー『新児童心理学講義』柴田義松監訳、新読書社、二〇〇二年、一八三頁。

行為の意図性と無意図性

ここで意識知と身体知の関係と違いの問題に戻ろう。これまでの検討からすれば、主体の行為に自由をもたらすのは意識、それも言語知と行為を結び付ける意識である。この結び付けの意識が強いほど行為が意図的になされるという意味で、自由度が高くなるのである。この場合の不自由とは、行為が意識の意図的営為（記号や像の操作）を経ずに、自動的に場面知覚によって決定してしまうことである。

とすれば先に提起した二種類の無意識的、自動的行為はどのように区別されるだろうか。言語習得以前の自然的、動物的行為決定はほぼ全面的に知覚場面と内部情動の知覚場面への投影によってなされる。意識の知的介入の余地はない。一方、言語獲得を成し遂げた主体が意図的にある行為をなす場合でも、当の主体が言語操作の意識をほとんど持たず、無意識的身体知がその文化的行為を為し遂げる場合があり、これを習熟と呼ぶというのがとりあえずの定義であった。ここでは知的介入が無意識的に行われているわけである。

ところで知的介入が行われた行為は文化的行為型として野性的行為型とは区別できるだろうが、当の主体が「自動的決定」に行為をゆだねているという点では同じではなかろうか。つまり文化化という知的介入レベルの違いこそあれ、行為の意図的決定のなさの点では大差ない。そしてこの意図性の意識は主体の言語操作の有無と大いに関係があるというのがヴィゴツキーの見解であった*。

しかし習熟の結果として無意識的、自動的行為が「無意識化、自動化した」言語操作を伴っている場合はどうであろうか。行為決定が自動的であるにもかかわらず結果として出現するのは文化的行為であって野性的行為ではない。この場合、行為の体得が文化的環境の中でなされたというだけで、環境の全体的印象によって行為決定がなされてしまっているという意味で野性的行為の場合と何ら差がないのではなかろうか。環境の種類が何であれ、環境決定を免れて行為決定をなしうることにこそ自由な主意的決定の意味があるのではなかったか。

問題は、果たして無意識的、自動的な言語記号の操作というものが存在しうるのかどうかである。存在しうるとすればいかなる形態でか。言語操作を介在させることによって状況反応的であることをやめて目的志向的になった行為選択が、言語操作をやりつつも状況反応的になれるとすれば、いかなる形においてか。無意識の言語操作はいかに存在しうるのか。「存在しうる」と想定した上で、その存在様態についての解釈を試みよう。

リベットの実験にもあるように＊＊「手首を起こそう」という意識が起きるのは実際に手首を起こす神経電流が流れてから〇・五秒たってからのことである。意志意識は行為選択より後に起こるのである。(筋肉運動の出現はさらに〇・二秒遅れる。)これはどのように理解すべきか。私の解釈は、無意識下で流れる電気信号が無意識的自動的言語操作と同じものだとするものである。電気信号が筋肉組織にとっては「手首を挙げよ」という言語指示と同値である以上、この解釈は十分成り立つ。

＊　前掲ヴィゴツキー『新児童心理学講義』一九〇頁。

＊＊　B・リベット（Benjamin Libet, 1916~2007）『マインド・タイム』下條信輔訳、岩波書店、二〇〇五年。

有声の指示「手首を挙げよう」と無声の「手首を挙げよう」と電気信号化した［tekubiwoageyou］の三者を比べてみよう。有声指示を除くと残り二つは電気信号現象が表に出ていることに注目しよう。無声（内言）の「手首を挙げよう」は言語意識を伴っているが、それは当人の主観であって客観的に測定可能な現象は当人の「喉」の筋電位の変化だという。これがさらに自動化して主観的な言語意識を「忘却して」筋電位の変化のみの現象に転じることは考えうることではなかろうか。本物の習熟の結果の身体知とはこれのことではなかろうか。

身体知と無言の言語知

場面知覚は清明であり、それに基づくと見られる行為も適応的であるが、一切の言語的指示を伴わないものを身体知と呼ぶことにしよう。無言の言語的指示を伴うものは、無言とはいえ主観的には言語意識があるから、これが意志的行為であることは明らかである。とすれば、先述の身体知と単なる生理的反射行動との違いはどこにあるか。あるいは純内発的な衝動行動との違いはどこにあるか。答えは簡単である。状況知覚ができており、それに適応的であるかどうかである。

内言は外言に比して文構造上の省略が著しく多く、その分だけ高速化していると言われる。これがさらに高速化して、もはや言語意識を保ちえないところまで達したのが身体知なのだと考えたい。言語意識化できないとはいえ、超高速での状況解析と対応行為の算出がなされているところが、単なる衝動発露や反射とは違うところである。

この身体知を、無言の言語指示を伴う行為のさらに進化した形と捉えるというのが私の考えである。進化形とはいえ、場面が変動するときなどは再度無言の、場合によっては有声の言語指示（掛け声など）を伴う行為決定に退行する必要もあろう。それでも変動が一定の範囲内であれば、身体知が最も適応的であることには違いがないのである。

ヴィゴツキーは人間の意志的、目的志向的行為をつかさどるものを高次精神機能と呼び、その言語記号操作能力との関連を強調したが*、私もこの趣旨をそっくり保全したうえで、身体知を高次精神機能に分類したいと思う。意志や目的の言明は検出不可能なほどにまで高速化しているが、結果としての行為そのものからそれらを逆算的に読み取ることが可能だからである。

身体知は超高速化した言語操作を伴っているか

A・N・ソコロフの一九六八年の研究**によると、自分に向けられた言語行為としての内言には、言語運動感覚インパルスがほとんど現れてこない、構音器官の隠れた心理学的な活動とも言うべき知的

---

* ヴィゴツキー『新児童心理学講義』第2部。

** A・N・ソコロフ「言語運動の求心的作用と脳メカニズムの問題」松野豊訳『ソビエト心理学研究』九・一〇号、一九七〇年、三六～五四頁。Sokolov, A.N., *Inner speech and thought*, New York, Plenum Press, 1972.

行為の常同型と、言語運動器官が参与して言語運動感覚インパルスが強く現れる内的つぶやきとも言うべきものの二種類がある。私の分類した「言語意識を忘却した身体知」と「言語意識を伴う身体知」に対応しよう。

私のもくろみが外れたのは、この二者を超高速の筋電流と並の筋電流の違いとして統一的に把握可能としたことだった。これが間違いと証明されたわけではないが、少なくともソコロフの研究では、言語意識を忘却した身体知となった場合には筋インパルスは超高速化するのではなく消失するのである。これがほぼ同一事なのか、まったくの別物なのかを確認せねばならない（私の期待は、消失したと思えたインパルスがリベットの実験の先行インパルスと同じであることだが……）。

自由意志あるいは自律的判断は存在するのか

リベットの実験では「いつ運動を始めるか」については、常に無意識的神経電流が「今だ」という意識に〇・五秒先行していた。これは物理的決定を逃れた自由意志や自律的判断が存在しえないことを示しているようだが、同じリベットの第二の実験はこれに重要な修正を要求する。いかなる運動をいかに行うか（行わないか）についての考慮はさきの「今だ」の意識とは別種の意志意識であり、これは前者がすでに無意識的に発動してからでも、その先行意志プロセスを積極的に拒否し、行為そのものを中断したり逆に実行させたりすることで、その結果を制御できるというのである*。

この拒否権を含む第二の意志は実験的には第一のものほど鮮明ではないものの、衝動的内発力とでも言うほかない第一のものに対して、知識と経験の蓄えに立脚した判断力のようであり、常識的な意味での人格的意志に近いものである。しかもなぜか制御行動の意識に先立つ無意識的神経電流の〇・五秒先行を必要としない。

これに間違いがなければ、自由意志は文字通り自制力として、自律的判断力として機能していることになる。

この自律的自制能力の先行電流はおそらくは存在する。つまり無意識的に生じることを否めないのだが、一般の先行電流が〇・五秒であるのに対し、確たる測定ができないほど高速であるようだ。

前節では「身体知としての言語」と「内的つぶやきとしての言語」の違いをソコロフに従って喉の筋電位変動の有無として捉えた。筋電位変動が身体知の方にはなく、つぶやきの方にはあるということであった。身体知はほぼ無意識的な常同知とされている。つまり過去に習得され、今はもはや意識する必要もなくなった行為知である。この先行インパルスが超高速化していても不思議ではない。内的つぶやきは一定の意識を伴う行為であり、明白な、測定可能な先行インパルスを伴う。

これはリベットの二種の行為の区別と矛盾しているのではなかろうか。つまり、単純な「今だ」の行為発動には〇・五秒先行する神経電流が伴い、複雑な「止めよ」の行為発動の方にはほとんど先行する神経電流が認められないのである。複雑な過程には相応の準備が伴うと思いがちだが、これをどう考え

＊　前掲リベット『マインド・タイム』一六七頁。

るか。

一方、これとは別に次のような問題がある。どちらの種類の行為にしろ、その筋運動と意志意識に先行する神経電流には、それ自体を発動する何かが存在しなければならない。例えば外部からの感覚入力刺激とか、内側からの表象刺激とか衝動刺激とかである。自由意志によって表象刺激つまり想起による刺激が起こるならば、話は簡単である。そこにいかに高速あるいは低速の神経電流が介在しようと、意志の自律的行為決定は存在したのである。この場合を少し詳しく検討してみよう。

衝動なり外部刺激によって「今だ」の行為指令電流が流れ、それが筋運動に現れる以前に「止めよ」の制御行為が起こる場合、この「止めよ」の理由あるいは先行原因は多くの学習知識や経験知識からなる複合体である。この価値観なり道徳観は複雑な構成ながら、一般的にはしっかりと定着した「常同知」になっていることが多い。もしもそうであるならば、先の矛盾は見かけ上のものに過ぎない。複雑な構成体であっても、それが定着し安定した判断構造になっておれば、その発動にはほとんど先行電流は不要となるわけである。

一方で、いかに単純であってもそれが常同的なものにまで定着していなければ、そして単発行為は文脈依存的であり、その分常同化しにくいのが普通であるので、その発動にはかなり低速の先行神経電流が必要となるのである。

さらに重要な違いは次の点にある。筋運動発動のためには明らかに先行する神経電流が不可欠であるが、「止めよ」という指令は先行神経電流とその意識に対するものであり、筋運動自体に対するものではないのである。ここでは指令に対する指令、信号に対する信号が存在するのみである。この事情が先行神経電流の計測不可能と関係していると考えられる。

「踏み越え」の考察から

中井久夫は意識化、イメージ化、言語化と行動化の関係を考察し、(犯罪へと向かう)衝動が行動化されるか否かを「踏み越え」と「踏みとどまり」の分かれ道における言語とイメージの機能的差異によるとしている*。すなわち言語表象は一次元的で「否定」が可能であるのにたいし、イメージ表象は多次元的で「否定」が不可能である、と。ここから次の帰結を導ける。「行為発動には言語、イメージともに有用だが、行動化自制には言語表象が不可欠である。」この中井の論は、主観的意識の行為に対する力を少しも疑っていない。行為発動の面においても、行為阻止の面においても。

私が先にリベットの論の検討で注目したのは、行為発動の神経電流がその意志意識に〇・五秒先行するのに対し行為阻止の神経電流はその意志意識に対して何の先行も見せないことであった。神経生理学的には矛盾としか言いようのないこの現象は、行為発動が「今だ」という衝動的信号で可能な単純なものであるのに対して、行為阻止の方がその理由の自己呈示と納得という複雑な意識主観上の作業を必要とすることを考慮すれば、了解可能となる。

---

* 中井久夫『徴候・記憶・外傷』みすず書房、二〇〇四年、三〇四〜三二八頁。

後者は長時間にわたる思案の持続と展開の結果としての選択である。そこには価値判断を含む人格的内実を総動員したような行為選択がある。そこには行為発動の神経電流のような単純なものではない、持続的な神経電位の励起状態が思考に並行して存続しているであろう。このことは当の「複雑な意識主観上の作業」が定着し、半ば無意識化していたとしても言えるであろう。これを基として「阻止しよう」の意志意識を発動するのにはほとんど準備ができているためにひと押しのインパルスで十分だったということであろう。この場合、インパルスの持続時間が短いことと電位差が小さくてよいこととの関係を確認しておかねばならない。さらに、これは自殺や離婚などの複雑な思案を伴う行為発動についても言えることである。

自由と制約と自由意志

自由意志は制約のある自由という条件下でのみ存在意義がある。限界なしの自由では制約に挑む、あるいはそれと折り合いをつけるという意志の働きが無用になってしまうからである。

この指摘は重要である。端的に言えば、リベットの実験での「今だ」の意志意識は自由意志の名に値せず「阻止しよう」の意志意識の方こそが本物の自由意志だということである。「否定」の意志は様々な抵抗要素との全人格、全知識を動員した対決含みの判断だということである。

とするとやはり意志意識が「常に」〇・五秒神経電流に遅れている、とするのは無理がある。それは自由意志ならぬ衝動的意志あるいは反応的意志にこそ当てはまる。「阻止」意識には先行神経電流が伴わない、というリベットの第二の主張の確認こそが肝要であろう。

二つの自律様態

しかしこの考え方で自由意志を定義すると、反面で無意識的になるまで我有化され内化された身体知の自律としての位置付けが苦しくなる。身体知の方が意志意識の無意識化に至る深化を重視しているのに対し、先ほどの定義は問題と対決・葛藤中の意識様態こそ自由意志の自律の本来の姿だとしたからである。もがきつつある自律の姿と安定状態の自律の姿を共に認めるのが解決法かもしれない。自律の能力は動的にもなり、静的にもなるからだ。

心身二元論について

意志意識が脳をはじめとする神経生理学的機構に支えられて初めて作動する一機能であることと、その機能が逆に部分的にしろ神経生理学的機構に作用を及ぼすこととは、果たして矛盾しているのだろうか。

一般には、この二つを同時に認めることはデカルト的心身二元論に陥るとして退けられる。しかし物質の構造化とその機能が素粒子運動レベル、分子レベル、生命レベル、心理レベル、社会的制度的レベルなどの多様な形をとり、そのミクロからマクロに至る諸レベルが互いに還元不可能であることは今日では大方の認めるところである。還元を強行すればそこで元のレベルの何物か、本質ともいえる何物かが見失われるということである。木を見て森を見ないということが起こるのである。

問題は、意識をどんなに微視的に見ても物質過程をそこに見出せないことだ。この故にこそ意識（心）と身体とはマクロとミクロの違いではなく、本性の違いとされてしまったのである。マクロとミクロの違いであるためには、共通次元が存在しなければならない。つまり、心あるいは意識を質料なしの異界の存在とするのではなく、脳、さらには身体全体の物質構造と機能とに不可分につながった存在として、しかもそれら生理機構に還元されてしまわない存在としてイメージする術を見つけなければならない。

それができたとすれば、木が森に作用を及ぼすと同時に森も木に作用を及ぼすのと同じ理屈で身体が心に、そして心が身体に作用を及ぼすことも理解可能になるだろう。要は意識や心を高度にかつ複雑に組織化された物質過程と相互浸透したものとして把握することである。

意志意識が物質過程と不可分であるならば意識が電気過程を伴うこと、いやそれに先行されて出現することも了解可能になるし、逆に意識や心の活動としての意志が電気過程を伴うが故に、身体運動を触発あるいは阻止しうることも了解可能になるのである。

まとめ

本章では教育学的関心から「習熟とは何か」という問いを立てたが、それは同時に「自律的判断、自律的行為選択はいかに可能か」という私の年来の問題に対する答えの核心部の探索でもあった。それゆえ「自由意志とは何か」「言語知と身体知の関係はいかなるものか」「意識過程と生理学的・物質的過程の関係はいかにあるのか」といったさまざまの難問と絡めて議論を進めざるを得なかった。錯綜した議論の割には得たものは乏しいが、それでも、言語の「習熟による無意識化・身体化」が人間の自律能力のカギを握っているらしいというところまではたどり着けたと考える。

文化習熟一般については、以上の議論があてはまると思えるが、異文化交流と習熟の関係について少し述べておきたい。

異文化交流と習熟

これまで文化習熟とはいかなるものか、いかに起こるのか、いかなる作用をするのか、を論じてきた。これはいわば自文化の獲得の問題であるが、本題の異文化交流の問題と大きく重なる。というのも、半ば動物として本能残基のみを携えてこの世に生まれおちた新生児にとっては、周りの環境文化はすべて異文化である。少なくとも新たに習得しなければならない文化という意味ではそうである。

であるならば、あえて子どもの異文化交流を問う意味はどこにあるのか。端的にいえば子どもといえども（何歳からと厳密には答えにくいが）すでに自文化をもっており、異文化交流が大人の場合とほぼ同様に語れるということである。母語を語り始め、基本的生活習慣を身につけ始めた幼児は、すでに文化人なのである。

異文化交流は第一に、既習得文化の自明性を揺るがす刺激となる。ここから先に述べた認知葛藤型あるいは感情葛藤型の自己再編や自己固執が起こる。第二に、支配／被支配の関係が形成されることがある。自己文化再編は起こらなかったり、起こってもごく表層のものにとどまる。権力的かかわりがひな型となる。第三に、穏やかでなんら脅威を与えない出会いが起こることがある。権威的かかわりが信頼感の醸成に成功している場合や、受容的・呼応的かかわりが調和的関係にある場合がこれに当たる。以上のことは「異文化交流とかかわりの形」の節で述べた通りである。

さて、習熟が自文化の獲得を意味し、さらにはその安定した身体化（深化）を意味するとすれば、それは反復による習慣化によってこそ起こることが多いのではないか。異文化交流による相互刺激はむしろ自文化に揺らぎをもたらし、不安定化するのではないのか。異文化交流と習熟とは相反するものではないのか。この素朴な疑問に答えうるか否かは、本書の企てが意味を持つか否かにかかわる重大事である。

端的に言えば、その答えは、私たちが追究している人間像（教育目標）を示すことで得られるであろう。それは深い安定性を持つ人間であり、カンギレムの表現を借りれば「健康で正常な」人間である。肝心な点は、深い健康な安定性は、凝固性によって得られるのではなく、まさしく動的な安定性として得られるのだということである。しなやかで健康な人格は、固定した文化特性として示されるものではなく、たとえ環境世界に変動が起ころうとも、そこで自己と環境との調和点を再度探っていき、その諸定数を再設定する能力として示されるのであった。

このカンギレムの健康あるいは正常性の思想は、ほとんどそのまま私たちの自律の思想でもある。私たちが拡大修正した自律の概念は、環境から切断された状態での個人の自由や自己決定能力をさすのではなく、環境、それも変動含みの環境との関係の中にありながらも、その関係様態の諸定数を自ら吟味し改訂する能力としての人格存在をさすのであった。

私たちの考えでは、こうした能力は繰り返しによる習熟と、異文化交流による相互刺激での揺さぶりとの相反する経験の積み重ねの中でのみ、鍛えられ育まれていくのである。

あとがき

「あとがき」で本論の中身について書き足すのは無様といえば無様だが、背に腹は代えられない。何としても「歓待」については舌足らずだった。

他者、本書では異文化人としての子どものことだが、他者をもてなすことが共生教育の本質だということについて、二、三付け加える。一つは、もてなすためにはもてなす制度というか体制というか、そうしたものが必要だということである。歓待の原義が異邦人を家に招き入れることだとすれば、そこには家という制度が前提となっている。そこに他者を受け入れて、基本的な必要を充足させる制度である。

教育、特に学校教育に話がつながるかどうかだが、まず、学級を家になぞらえてみよう。新参の子どもを学級に招き入れるについては、学級の輪郭が当の子どもに安全を保証するものである必要がある。さらに、そこが子どもの学級生活の基本的な必要を満たす場でなければならない。このための学級の制度は、一面では確固とした机の配置、壁面の掲示物の選定配置、さらには人間関係のネットワークへの組み込みなどによって、子どもの学習生活の基礎を保証せねばならないが、他面では、新参者の特性に応じて柔軟に変形できるものである必要がある。

この可塑的堅固さという、ある意味で形容矛盾ともとられかねない特性こそ、歓待を遂行する人と制度に求められるものである。家しかり、学級しかり、家の主しかり、教師しかりである。主や教師については「異化」を論じた部分を想い起していただきたい。主人や教師は客人を歓待する確固たる姿勢を貫く必要があるが、そのためにも他者たる客人の特性に合わせて柔軟に変容し、異化する必要がある、というのがその論旨であった。これは一種、異様な人格論を展開することになるが、これこそ本書の人間論であり教師論である。確固たる判断力を持ちながらも、決して自分の殻を閉ざすことなく、新参者に由来する環境変化に柔軟に対応し、新たな調和点を見つけだすような人格、そのためには自己の変容をもいとわないような人格、これである。仮に自律的歓待者と名付けたが、教師像の新たな語り方になり得ていれば幸いである。

＊

本書は京都大学での最終年度の講義「子どもは異文化人か」のノートをもとに、かなりの修正を加えてなったものである。作業中に六五歳になってしまって、集中力の衰えをますます痛感するようになった。元来、思いつきがあった時に一挙にノートを作って、講義で試してみて、それから本にするというやり方だったが、着想の甘さ、仕上げの甘さ共に限界に近づいてきたようだ。おそらくこれが私の最後の本になるだろうが、それでも読む人によっては何か役立つものがあるかもしれない、というかすかな希望でやり上げた。私の本はすべて多領域横断型研究だが、本書は特にその傾向が強い。読者の理解が得られることを祈るばかりである。

最後になったが、ご高配を賜った世織書房の伊藤晶宣氏と編集部の菅井真咲さんに心からの御礼を申し上げる。

岡田敬司

二〇一四年三月　比叡平にて

人名索引

マ行

ヤ行

ラ行

事項索引

ア行

カ行

サ行

タ行

ナ行

ハ行

マ行

ヤ行

ラ行

ワ行

著者紹介
岡田敬司（おかだ・けいじ）
1948年兵庫県生まれ。京都大学大学院教育学研究科博士課程単位取得退学。パリ第8大学第3課程修了（第3課程博士教育学）。兵庫県立姫路短期大学保育科、京都大学医療技術短期大学部、京都大学教養部、同大学院人間・環境学研究科を経て、現在京都光華女子大学教授、京都大学名誉教授。
著書に『自我の教育学のために』（風間書房、1987年）『かかわりの教育学』（1993年）『コミュニケーションと人間形成』（1998年）『教育愛について』（2002年）『「自律」の復権』（2004年）『かかわりの教育学（増補版）』（2006年）『人間形成にとって共同体とは何か』（2009年）『自律者の育成は可能か——「世界の立ち上がり」の理論——』（2011年）いずれもミネルヴァ書房。『学校教育を変える制度論』（共編著、万葉舎、2003年）*Du rétablissement de l'autonomie*（Editions Matrice, 2008）などがある。

共生社会への教育学——**自律・異文化葛藤・共生**

2014年7月15日　第1刷発行©

著　者	岡田敬司
装　幀	M. 冠着
発行者	伊藤晶宣
発行所	（株）世織書房
印刷所	（株）ダイトー
製本所	（株）ダイトー

〒220-0042　神奈川県横浜市西区戸部町7丁目240番地　文教堂ビル
電話045（317）3176　振替00250-2-18694

落丁本・乱丁本はお取替いたします　Printed in Japan

ISBN 978-4-902163-72-8

女性学・ジェンダー研究の創成と展開
舘かおる
2800円

意味が躍動する生とは何か●遊ぶ子どもの人間学
矢野智司
1500円

ハーバーマスと教育
野平慎二
2400円

右派の／正しい教育●市場、水準、神、そして不平等
マイケル・アップル／大田直子訳
4600円

プラグマティズムと哲学の実践
リチャード・シュスターマン／樋口聡、青木孝夫、丸山恭司訳
4000円

〈価格は税別〉

世織書房